M. l'Abbé MABIRE

Notes et Souvenirs

BAYEUX

TYPOGRAPHIE G. COLAS, RUE ROYALE

1914

M. L'Abbé MABIRE

l'un des Fondateurs

ET

des premiers Directeurs

DE L'INSTITUTION

SAINTE-MARIE DE CAEN

NOTES ET SOUVENIRS

BAYEUX

TYPOGRAPHIE G. COLAS, RUE ROYALE

1914

À LA MÉMOIRE

de l'oncle vénéré

*dont les enseignements et les exemples
formèrent mon âme*

Saint-Vaast-sur-Seulles, le 24 octobre 1913.

Maurice MABIRE.

Aux Amis de Sainte-Marie

1850 ! Que de pensées évoque cette date lointaine,
point de départ de tant d'espérances ! La liberté
d'enseignement conquise après de longs efforts par
une admirable éloquence mise au service d'un courage intrépide, les collèges catholiques s'ouvrant et
se multipliant sous les auspices d'une loi nouvelle ;
puis, la guerre étrangère et les bouleversements intérieurs mettant en question les destinées de la
France, l'esprit sectaire s'imposant en vainqueur,
l'éducation chrétienne bannie de ses asiles et n'y
rentrant parfois qu'au prix de lourds sacrifices, l'incertitude qui voile l'avenir ! Pour garder confiance,
n'est-il pas à propos de jeter les regards en arrière
et de se remettre en mémoire les exemples de ceux
qui se firent les vaillants auxiliaires d'une grande
cause ? Notre région normande n'oublie pas la généreuse initiative qui fonda aux portes de Caen le collège
Sainte-Marie. Elle se rappelle l'abnégation avec laquelle celui qui fut plus tard un saint religieux,
M. Langlois, renonça aux avantages les plus légitimes
que lui offraient le monde et la fortune pour se
consacrer tout entier à l'œuvre où il voyait des âmes

à préserver et à sauver. Elle garde le souvenir de celui qui contribua puissamment à donner son essor à l'institution nouvelle en lui prêtant le concours d'une science et d'une expérience acquises au cours de longues années d'enseignement, M. Mabire.

Près de trente ans ont passé depuis le jour où le coopérateur vénéré de M. Langlois a terminé sa carrière. N'est-il pas bien tard pour retracer en quelques pages la vie de celui dont les traits commencent à s'effacer dans le lointain ? Bien éclaircis sont les rangs de ceux qui aimaient à solliciter son aide et à entendre ses leçons. Et pourtant, n'est-ce pas rester fidèle à un des sentiments qui lui tenaient le plus au cœur, que de voir en Sainte-Marie une grande famille ? Les aînés recueilleront à travers la distance le reflet de souvenirs qui ne sont pas sans charme. Les plus jeunes trouveront sans doute quelque intérêt à mieux connaître celui en qui leurs devanciers voyaient un père très dévoué, puisque parler de lui, c'est redire l'histoire des premiers jours de la chère maison à laquelle leur pensée revient toujours avec une filiale reconnaissance.

M. l'Abbé MABIRE

Notes et Souvenirs

I

M. Mabire appartenait à une famille de bourgeoisie que des liens très anciens unissaient à la ville de Vire. Il naquit le 21 décembre 1804 dans la vieille cité où les générations qui lui transmettaient un nom respecté, s'étaient succédé en d'honorables professions. Le lendemain, l'enfant fut porté à l'église paroissiale de Notre-Dame, et il reçut au baptême les noms de Pierre-Hippolyte. Le prêtre qui lui conféra ce sacrement était son grand-oncle maternel. L'abbé Saillofest, dénoncé pour incivisme, s'était vu frappé de bannissement et de mort civile par les décrets de l'Assemblée législative et de la Convention. En 1793, il avait dû se résigner à l'exil. Au lende-

main de la tourmente, il était revenu près de son
frère qui lui avait remis la jouissance de ses biens,
ne voyant dans la loi révolutionnaire qu'un acte de
spoliation injuste et violente.

A son berceau, M. Mabire trouvait un patrimoine
de foi et d'honneur. Sa mère y avait puisé la piété
et la vertu qui la soutenaient dans la tâche de
chaque jour.

Son père cherchait dans les mêmes croyances la
règle de sa vie. A ces habitudes de fidélité chrétienne,
il joignait le goût des choses de l'esprit. Amené à
Paris par ses études scientifiques, il avait suivi les
cours de Fourcroy au Jardin des plantes. Le pays
natal l'avait vu revenir à la veille des jours sombres
de la Terreur; il ne devait plus le quitter. C'est
là que, quelques années plus tard, au mois
d'août 1798, il avait contracté le mariage qui
l'alliait à une famille dont le chef tenait une place
estimée dans les conseils administratifs de la commune de Vire.

M. Mabire était le troisième enfant né de cette
union. Il allait grandir au foyer où se conser-
vaient intactes les traditions de nos vieilles provinces.

Les premières notions d'instruction qu'il y recevait devinrent bientôt insuffisantes. L'enfant fut
conduit au collège. Chaque jour, le soir arrivé, il
revenait à la maison où les conseils affectueux et les

encouragements ne lui manquaient jamais. Le père,
après avoir consacré de longues heures au travail
ingrat que lui imposait la gestion des deniers des
hospices dont il avait la charge, aimait à entretenir
son fils des études littéraires ou historiques qui pour
lui étaient un délassement. Déjà chargé d'années,
l'éducateur rappelait avec émotion ces jours heureux
où, après une promenade faite sous l'azur du ciel,
à travers les fraîches prairies, l'écolier, sous les
ombrages du bois, écoutait la lecture de celui dont
la sollicitude éveillait sa jeune intelligence.

Les succès répondaient aux efforts ; au jour de
la distribution des prix, une ample moisson de
lauriers récompensait une année laborieuse.

Au mois d'août 1821, l'œuvre du collège était
terminée. Le diplôme qui en est le couronnement,
fut très vite conquis. L'étudiant vint à Caen. Après
avoir visité les monuments qui lui apparaissaient
comme des merveilles d'architecture, le candidat
affrontait sans crainte les épreuves de l'examen.
Quelques jours après, le bachelier reprenait la route
de Vire tout joyeux de sa dignité nouvelle.

*
* *

L'heure des décisions graves était venue. Dans ce
milieu propice, la piété du jeune homme avait
grandi autant que son amour du travail. Prêtre, il

servirait mieux le Dieu qu'il voulait faire aimer. Sa résolution était prise. Il entrerait au séminaire. Une fois encore, il se rendit à Avranches où l'appelait chaque année une réunion de famille. Au mois d'octobre, faisant route avec un de ses compatriotes, il se dirigea vers Bayeux. Bientôt après, il était accueilli à bras ouverts par le supérieur et les directeurs de la pieuse maison où devait se former son âme pour le sacerdoce. De la fenêtre de son étroite cellule, placée presque sous les combles, il se plaisait à contempler les tours majestueuses de la Cathédrale ; et pourtant, l'enfant qui n'avait pas encore dix-sept ans, ne pouvait se défendre de reporter un peu tristement sa pensée vers les sites familiers qui entouraient la maison paternelle. L'air pur du Bocage avait un charme salutaire qu'il ne retrouvait plus.

Il aimait cependant la régularité de sa vie nouvelle ; les jours consacrés à la prière et au travail lui semblaient trop courts. Toujours soucieux d'enrichir son intelligence de plus amples connaissances, il élargissait le cercle des programmes imposés. A l'étude de la théologie il joignait celle de la littérature et de la langue anglaise à laquelle il se livrait avec ardeur. Au séminaire comme au collège, il se plaçait au premier rang.

A la rentrée d'octobre 1823, un emploi nouveau vint encore accroître ses occupations. La confiance de ses supérieurs lui conféra la charge de maître de conférence. Chaque soir, il devait donner aux séminaristes qui n'étaient pas dans les ordres, des explications théologiques sur la leçon désignée. C'est avec un sentiment de crainte qu'il se voyait investi de ces fonctions. Cette mission lui apparaissait pourtant comme une grâce pour l'avenir. « J'ai cru, écrivait-il, que la Providence me destinait cet emploi puisqu'il m'a été offert sans que j'eusse seulement songé qu'on pût penser à moi pour le remplir ; j'espère qu'elle fera tourner les choses pour mon grand bien et pour accomplir ses desseins sur moi, desseins qui me sont encore cachés aujourd'hui, mais que j'adore avec une humble soumission ».

II

Le terme de la troisième année du séminaire approchait. Le jeune clerc de dix-neuf ans ne pouvait encore songer à faire le pas décisif qui l'engagerait dans les ordres sacrés. Quelle voie allait-il suivre ? Il lui semblait que sa vocation pour l'éducation s'affirmait chaque jour davantage, et déjà de la ville de Vire des instances étaient venues pour obtenir que le brillant élève de la veille rentrât au collège comme professeur. Elles étaient froidement accueillies au séminaire. Fallait-il former des prêtres pour les donner à l'Université ? Leur mission n'était-elle pas d'exercer le ministère paroissial ? Les supérieurs le pensaient et le répétaient avec fermeté. Et cependant, les fruits ne seraient-ils pas plus abondants si le champ cultivé était mieux en rapport avec les aptitudes de celui qui ne demandait qu'à se dévouer ?

Parfois on faisait briller à ses yeux les avantages humains, l'espoir de parvenir à des emplois plus distingués. « Hélas ! répliquait-il, que ces considérations me touchent peu ! Je ne suis pas entré dans le sanctuaire à cause des richesses ou des honneurs qu'il renferme et qu'il pourrait m'offrir. Non ! Si telles eussent été mes vues, je m'en bannirais pour toujours. Une seule considération pourrait donc m'engager à renoncer à mon goût pour l'enseignement : l'intérêt de la gloire de Dieu qui demande que j'emploie mes talents à lui gagner des âmes. Voilà tout ce que j'ai à considérer ».

La marche du temps rendait une décision nécessaire. Une année supplémentaire consacrée à l'étude de la théologie à Paris, au Séminaire de Saint-Sulpice, ne permettrait-elle pas d'ajourner la solution ? Convenait-il, d'autre part, d'aller à l'encontre de ce désir d'enseigner qui se manifestait de plus en plus comme une vocation irrésistible ? On prit un parti qui réservait l'avenir. M. Mabire n'irait pas au collège de Vire ; il deviendrait directeur au Petit-Séminaire de Bayeux.

Au mois d'octobre 1824, il prenait possession de sa fonction nouvelle. Des répétitions de philosophie, quelques leçons d'histoire sainte, la tenue de l'étude, telles étaient les occupations qui lui étaient assignées. Ce rôle paraissait un peu sévère à des yeux de vingt ans. « Avec les élèves, disait le jeune maître, il faut de la réserve, un certain air de supériorité qui me sied peut-être, mais que mon esprit et mon cœur semblent repousser ». A la fin d'une journée où il s'était efforcé d'imposer le respect que ne commandait pas sa jeunesse, il retrouvait avec joie le calme de sa cellule ; et la veillée, consacrée à l'étude, lui semblait très douce quand tout dormait autour de lui et que seul, le son de l'horloge interrompait le silence de la nuit.

**

Les premiers jours de 1825 ramenèrent, plus impérieuse que jamais, la question que l'été précédent avait laissée imparfaitement résolue. Les responsabilités du ministère apparaissaient redoutables à celui qui n'avait encore gravi que les premiers degrés du sanctuaire. Et pourtant, n'étaient-ils pas les fidèles interprètes de la volonté divine, ceux qui voyaient dans cette mission sacrée la raison d'être du prêtre ? Il était appelé à enseigner, il le voyait clairement. Enfermant son activité dans ces limites, était-il digne des saintes fonctions du sacerdoce vers lesquelles le dirigeait sa piété ? Certes, les considérations du monde n'avaient aucun accès dans son âme ; et, lorsqu'on lui faisait observer que, lors du tirage pour la conscription, le sort ne l'avait pas favorisé, il n'hésitait pas à l'affirmer : « Un bon numéro ne m'eût pas décidé à renoncer à l'état ecclésiastique ; un mauvais ne m'y retiendra pas ; ma vocation sera toujours indépendante des événements humains ». Il ne cherchait à découvrir qu'une chose, les desseins de la Providence à son égard. Quels étaient-ils ?

A certains jours, la perplexité devenait une angoisse. Il confiait alors le trouble de son âme à son directeur du Séminaire, M. Bachot, dont la tendre amitié l'avait accueilli dès le premier jour et le suivrait jusqu'au dernier soupir. Certain que le cœur de son père battait à l'unisson du sien, c'est encore près du confident de ses pensées d'enfant qu'il cherchait le conseil et l'appui. Le père trouvait, dans son âme chrétienne, la réponse à ce filial abandon. « Je ne suis pas très habile à faire un sermon, écrivait-il, il me suffit que tu me comprennes et que tu sois convaincu de la sincérité, de l'affection, de l'amitié de ton père. Oui, mon cher Hippolyte, le titre de ton ami n'est pas celui dont je suis le moins jaloux ; je veux le conserver toute ma vie ». « Il faut, ajoutait-il, consulter ce que tu connais de plus éclairé et dire, du fond du cœur : « Mon Dieu, faites-moi connaître votre sainte volonté, afin que je l'accomplisse ; faites-la connaître à votre serviteur par la bouche de vos ministres auxquels je m'adresserai. Ton pauvre père partage bien tes peines ; je voudrais bien les adoucir et te rendre le calme. Je regarde tout cela comme une épreuve du ciel. Dieu aura pitié de toi en faveur de la droiture de tes intentions. Prie-le, mon bon ami, il adoucira tes peines ». « Il ne te reste plus, répétait-il, qu'à te soumettre à la volonté de Dieu ; tu la connaîtras par les conseils des personnes éclairées que tu dois consulter. Fais-leur les objections les plus fortes que tu pourras leur opposer. Découvre-leur le fond de ton âme. Ecarte d'abord toutes considérations humaines. Dans la sincérité de ton cœur et dans la vue de plaire à Dieu, quelle que soit la voix qui se fera entendre, écoute-la avec soumission, et ne balance plus à prendre la voie qu'elle t'aura indiquée ».

Ces sentiments étaient trop conformes à ceux du fils pour ne pas trouver en son âme un écho fidèle. Il pria ; il chercha la lumière auprès de ceux que lui désignait la sainteté de leur vie. La grâce divine répondit à la droiture de son cœur. Le calme était revenu.

« Je suis parfaitement décidé, écrivait-il le premier jour de juin, à suivre en tout l'avis de mon directeur. Je lui ouvrirai mon cœur ; et, s'il me dit : « Prenez confiance, c'est Dieu qui vous appelle ; sa volonté est que vous soyez prêtre », je ne serai pas un seul instant rebelle. C'en est donc fait ; toutes mes inquiétudes vont disparaître. Je vais reprendre ma gaieté naturelle ».

Quelques jours après, sa double vocation de prêtre et d'éducateur lui était apparue dans toute sa netteté. Il ne s'inquiétait plus que de remplir fidèlement sa mission, et il se traçait à lui-même le plan de sa vie.

« Je me représente un champ vaste et en friche
dans toute son étendue ; ce sont toutes les sciences
et tous les arts, en un mot tout ce que l'homme peut
connaître ici-bas. Dans ce champ trop vaste pour
être cultivé par un seul, chacun choisit une portion
de terrain plus ou moins grande suivant ses forces,
ses goûts et les circonstances où la Providence l'a
placé. Moi, je m'occupe de choisir la portion qui me
convient le plus, et dans ce moment, je commence à
l'enclore afin de me l'approprier. Je la divise ensuite
en plusieurs compartiments que je partage eux-
mêmes en portions plus petites. J'ai par conséquent
sous les yeux tout l'ensemble de mon travail et en
même temps toutes les parties dont il se compose.
Quand tous ces travaux préliminaires seront achevés,
je mettrai la main à l'œuvre, prenant chaque année
une petite portion et défrichant toujours jusqu'à ce
que j'aie cultivé tout ce que j'ai pris pour mon
patrimoine. Si la mort me surprend au milieu de
mon travail, Dieu aura égard à ma bonne volonté
pour le reste.

« Une chose bien importante après cela, c'est de
ne pas perdre le fruit de mes sueurs. Je tâcherai
donc d'offrir à Dieu tout ce que je ferai et de ne le
faire que pour lui. Car, où en serais-je si après vingt
ans, trente ans, quarante ans peut-être d'études
continuelles, j'allais me trouver les mains vides,

plus pauvre que le bon paysan qui a offert son travail à Dieu et qui sera alors riche en bonnes œuvres ».

Il semble que la nature elle-même s'associait à ce renouveau de la paix de l'âme. « Je commence, écrivait l'adolescent à sa mère, à préférer le Bessin au Bocage. J'y trouve plus de richesse dans la nature, plus de fécondité dans les campagnes, plus de variété dans les promenades. En un mot, le Bessin est un pays charmant que j'ai connu trop tard ».

Le jeune professeur prolongerait-il son séjour dans la région dont il découvrait les attraits ? La Providence en décida autrement. Le Bocage, dont le prestige s'amoindrissait, reconquit bien vite ses droits.

III

Avec la fin de l'année scolaire, le projet que de
graves considérations avaient fait écarter précédem-
ment, se présenta de nouveau avec une plus grande
consistance. Plus que jamais, M. Mabire se sentait
incliné par ses goûts vers l'enseignement. Tous
avaient compris que cette mission était bien celle
qu'il était appelé à remplir. N'était-il pas à propos
de donner au collège de la ville natale un maître
dont la collaboration serait précieuse ? Une classe
inférieure convenait peu à une intelligence que ses
aptitudes attiraient vers les hautes études, et à une
nature que ses tendances rapprochaient plus de la
jeunesse que de l'enfance. Les circonstances imposaient leur loi. Le professeur de quatrième se voyait
forcé de renoncer à ses travaux. M. Mabire fut chargé
de le suppléer.

Il revenait donc à Vire au milieu des siens. Les
désirs de son cœur étaient comblés. De Bayeux, le
directeur dont il avait fait son confident de chaque
jour, continuait à veiller sur lui avec une constante
sollicitude. Le guide exprimait lui aussi sa gratitude
envers la Providence : « Vous voyez que, pour faire
jouer tous les ressorts de la politique humaine, Dieu

en vient à ses fins en son temps, sans être arrêté par aucun obstacle ».

Le professeur se mettait avec ardeur au travail. Les élèves trouvaient bien parfois que leur paresse s'accommodait mal de ces habitudes laborieuses. Cette inévitable déception n'altérait pas la joie de son cœur.

Un événement soudain vint la briser. Quelques semaines s'étaient à peine écoulées. Un jour d'hiver, le père qui avait formé l'âme de l'enfant, qui avait été le consolateur de l'adolescent dans ses épreuves, dont le conseil était toujours cherché comme un indispensable appui, fut frappé d'un mal implacable. Le 30 décembre 1825, il expirait. Le coup fut cruel. La tendresse du fils était atteinte dans son affection la plus profonde. Le frère aîné s'était éloigné depuis plusieurs années du pays natal. Au foyer où une place restait vide, se groupaient, autour de la mère qui puisait la force dans sa résignation chrétienne, deux sœurs dont l'une arrivait à peine à l'âge de la jeunesse, un frère qui, encore enfant, ne connaîtrait plus le bonheur de la direction paternelle. Les ressources restreintes d'un patrimoine modique ne seraient plus accrues par le labeur quotidien de celui qui se dévouait pour assurer l'aisance des siens. La mission de M. Mabire était tout-à-coup grandie. A cette époque de la vie où le secours d'autrui est si précieux, il devenait un guide lui-même. Il serait toujours fidèle à ce rôle tutélaire que la Providence imposait à sa bonne volonté comme un devoir nouveau.

Observateur minutieux du plan de vie qu'il s'était fait tracer, il trouvait dans l'oraison, dans les lectures pieuses, dans les études ecclésiastiques qui s'ajoutaient à ses travaux littéraires, un remède au chagrin que lui causait cette douloureuse épreuve.

Les mois passaient, et le temps était venu où il devait se préparer à recevoir les ordres sacrés. « Disposez-vous, lui écrivait M. Bachot, à subir un examen très sévère de la part de Monseigneur, parce qu'il est bien aise de s'assurer lui-même si nos petits docteurs en littérature le sont aussi en théologie ; aussi tenez-vous sur vos gardes ». Le conseil fut exactement suivi.

Déjà, le jeune clerc avait fait le pas décisif qui l'engageait à jamais ; pieusement, il gravit les degrés qui le rapprochaient de l'autel. Le 31 mai 1828, à l'ordination de la Trinité, Mgr Dancel, récemment désigné pour le siége épiscopal de Bayeux, conférait l'auguste sacrement qui les élevait à la dignité sacerdotale, à quarante-cinq lévites. M. Mabire avait la douce joie d'être au nombre de ces privilégiés. Il avait le suprême honneur de dire sa première messe.

Prêtre, il devait plus encore que par le passé se préoccuper de la direction des âmes. Il s'appliquait à développer ses connaissances théologiques. Une décision nouvelle de son évêque favorisait ses efforts. Mg^r Dancel avait inauguré son épiscopat en rétablissant dans son diocèse les Conférences ecclésiastiques. Dans chacune de ces réunions, un prêtre était désigné qui, plus spécialement chargé de préparer la solution des problèmes soumis à la discussion, recevait le titre de théologien. A Vire, le choix porta sur le professeur dont la science était déjà connue.

Une question faisait alors l'objet des préoccupations de ceux qui avaient la mission d'éclairer les consciences. Des transformations économiques étaient venues troubler ce qui était limpide jusqu'alors. Dans quelle mesure le prêt à intérêt était-il permis? Les Conférences furent appelées à émettre un avis. Le jeune théologien se préoccupait vivement de rechercher la solution la plus sûre. Il s'inquiétait de la ligne de conduite suivie dans les autres pays, attendant de l'Eglise la décision qui dissiperait les incertitudes. Ses conclusions parurent audacieuses ; l'usure pouvait-elle être jamais licite? Les règles du droit canonique lui furent rappelées. Il s'inclina et, pour donner un témoignage indiscutable de sa docilité, il exprima la volonté de résigner ses fonctions de théologien. « Soyez tranquille, mon bon ami, sur mes sentiments envers vous, lui écrivait Mg^r Dancel au lendemain de Noël de l'année 1828. J'avais, avant cela, une très bonne idée de vos talents, de votre foi, de votre piété ; je l'ai encore ». L'Evêque ajoutait que l'humble soumission dont il recevait la preuve, avait un grand mérite à ses yeux, « qu'elle était un exemple très édifiant à imiter ».

Une décision ministérielle consolida une situation qui restait indécise. Un arrêté du 23 septembre 1829 portait que M. l'abbé Mabire régent à titre provisoire de la chaire de quatrième au collège de Vire, était institué régent de cette chaire. De longues années de paisibles occupations, adoucies par la vie de famille, allaient sans doute suivre leur cours. Les événements politiques détruiraient bien vite cette illusion.

Déjà, l'opposition libérale avait imposé au gouvernement de Charles X des mesures contre les Jésuites. L'ordonnance du 16 juin 1828 avait déclaré que nul ne pourrait demeurer chargé de la direction ou de l'enseignement dans les maisons d'éducation dépendantes de l'Université s'il n'avait affirmé par écrit qu'il n'appartenait à aucune congrégation religieuse non légalement établie en France. Avec ses collègues, M. Mabire avait dû signer cette déclaration en y ajoutant une restriction dont l'Evêque de Bayeux avait donné la formule. Le calme semblait revenu. Mais, les efforts du libéralisme se multipliaient ; de plus en plus, l'opinion publique se dessinait en sa faveur. Le roi crut pouvoir détourner ce courant par une énergique résistance. Les ordonnances de juillet 1830 entraînèrent la révolution qui força Charles X à prendre pour toujours le chemin de l'exil.

A peine organisé, le gouvernement de Louis-Philippe se préoccupa de s'assurer le concours des fonctionnaires de l'Etat. L'Ordonnance du 31 août 1830 les mit en demeure, sous peine d'être considérés comme démissionnaires, de jurer « fidélité au Roi des Français, obéissance à la Charte constitutionnelle et aux lois du royaume ». Les professeurs de l'Université étaient appelés à prêter ce serment. Il semble que Monseigneur Dancel ait conseillé l'abstention. Donna-t-il des instructions formelles en ce sens? Il s'en défendait plus tard avec vivacité. Ses sentiments personnels dictaient à M. Mabire la décision qu'il devait prendre. Enfant, il avait écouté le récit des tristes journées révolutionnaires dont les siens avaient souffert, et il gardait le souvenir de l'invasion, douloureuse conclusion de l'épopée impériale. Dans les réunions de la famille, il avait entendu répéter que la grandeur et la prospérité de la France étaient liées au sort de la vieille monarchie. Autour de lui, la Restauration était apparue comme une résurrection nationale, et il avait bien vite senti grandir l'ardente fidélité royaliste dont l'exemple lui était donné. Refuser le serment, c'était renoncer à des fonctions qu'il aimait, c'était aller vers l'inconnu. Le sacrifice était très lourd. Il le fit sans hésiter.

IV

Au lendemain de ce jour, la préoccupation de l'a-
venir renaissait avec son impressionnante incertitude. Les portes des collèges se fermaient devant le
jeune professeur ; comme aux jours passés, le ministère paroissial lui semblait une mission redou-
table à laquelle il n'était pas appelé. Une éducation
particulière convenait-elle à ses inclinations et à son
caractère ? Il comprenait tout ce que cette situation
délicate demande d'abnégation. Sa vocation était
d'enseigner ; les obstacles que rencontrait sa bonne
volonté, ne l'en détourneraient pas. Plutôt que de
s'écarter de la voie que la Providence lui avait tracée,
il consentirait à faire l'abandon d'une large part de
sa liberté. Lorsqu'une famille que ses alliances unissaient à la Basse-Normandie, réclama son concours,
il le donna généreusement. Dans les derniers jours
de novembre 1830, il s'éloigna tristement, suivi de
regrets douloureux, et il se dirigea vers Evreux où il
devenait le précepteur de trois enfants, dont le plus
jeune avait dix ans. Leur mère, la comtesse de
L'Espinasse, née de Chambray, lui exprimait tout
l'espoir que lui inspirait sa venue : « Je suis trop
heureuse que vous n'ayez pas été effrayé de la tâche

pénible que nous vous offrons ; j'en connais autant
que vous toute l'importance. Oui, Monsieur, nous
déposons entre vos mains ce que nous avons de plus
cher, et, connaissant le prix que vous attachez à remplir la charge que vous prenez, notre confiance, et
une confiance entière, vous est gagnée d'avance ».
La promesse fut tenue ; les parents et le maître entre-
prenaient une œuvre commune avec un égal dévouement.

Les années qui suivirent furent pourtant un temps
d'épreuve. Le précepteur souffrait d'un éloignement
qui était pour son cœur comme un exil ; dans un
enseignement sans ampleur, il ne trouvait pas la
haute satisfaction de son intelligence. Sa santé s'altérait ; sa vue s'affaiblissait ; son âme se troublait.
Sans doute, son courage ne manquait pas d'aliment.
C'étaient les conseils du guide des années de séminaire, l'ami des bons et des mauvais jours, M. Bachot,
dont l'affection ne déclinait pas ; c'était le souvenir
constant de la mère dont le cœur l'accompagnait ;
c'était la fleur cueillie par la sœur dans le petit jardin
de la maison paternelle qui venait lui redire qu'il
n'était pas oublié ; c'était la pensée de l'aide nécessaire qu'il devait au jeune frère arrivé à l'âge des
graves résolutions. Puis, au retour de l'été, c'étaient
les visites au château de la famille à laquelle l'atta-
chaient chaque jour des liens plus étroits. Là, il
rencontrait le Marquis de Chambray dont les entre-

tiens évoquaient des drames encore récents. Le
Marquis, capitaine dans l'artillerie de la garde impériale, avait pris part à l'expédition de Russie et s'en
était fait l'historien. Les désastres de la fameuse
retraite trouvaient en lui un narrateur dont le témoignage était captivant. Rien ne manquait au charme
des réunions quand une femme d'un haut mérite
venait se joindre aux hôtes du château de Chambray.
Sœur de Madame de L'Espinasse, Madame des Rotours consacrait toutes les ressources d'un esprit
cultivé aux études littéraires, et elle se plaisait à
traduire en une langue élégante les meilleures pages
des auteurs anglais et italiens. La conformité des
goûts lui faisait apprécier la société de M. Mabire.
L'un et l'autre retiraient un très agréable profit de
leurs conversations sur des sujets que leur intelligence leur avait rendus familiers. Le départ de
Chambray ne mettait pas fin à ces relations défé-
rentes. Longtemps après, M. Mabire, se rappelant
cet aimable passé, prenait souvent le chemin de
l'Abbaye au Bois où s'était retirée celle dont il
n'oubliait pas le bienveillant accueil. A ces témoi-
gnages d'un fidèle souvenir Madame des Rotours
répondait par un attachement sympathique ; et, en
1849, à la veille de mourir, elle en donnait une
dernière preuve en exprimant la volonté de transmettre ses manuscrits à celui qui était devenu pour
elle un véritable ami.

Les exigences d'une santé délicate ne refroidissaient pas un zèle laborieux que rien ne rebutait. D'une conscience minutieuse, le précepteur donnait aux enfants confiés à ses soins la meilleure part de son temps. Orner leur intelligence, former leur cœur, c'est la tâche que la Providence lui avait assignée ; il s'y consacrait sans compter. Souvent, une promenade à travers les vallées et les bois qui entourent Evreux, l'entraînait loin de la ville. C'était un délassement ; c'était encore l'occasion de donner un aliment nouveau à sa curiosité scientifique, et il était heureux de guider ses élèves dans les recherches que leur suggérait leur attrait pour la botanique, leur étude favorite. Puis, rentré dans la solitude de la chambre de travail, se faisant une loi de ne pas s'écarter de la règle qu'il s'était imposée, il défrichait quelque aride portion du terrain qu'il avait enclos. La difficulté de vaincre des obstacles que beaucoup eussent jugés insurmontables, ne l'arrêtait pas. C'est alors qu'il commença à s'efforcer de découvrir les secrets de la langue hébraïque. Au lendemain de son départ d'Evreux, l'Académie ébroïcienne sollicitait comme une faveur l'autorisation de le compter au nombre de ses membres correspondants, afin de pouvoir soumettre à ses lecteurs, peut-être un peu effrayés de l'innovation, des remarques sur une littérature inconnue à laquelle un savant seul pouvait demander ses richesses. Dans la pensée du devoir accompli, dans ces occupations absorbantes, M. Mabire puisait la force qui interdisait au découragement l'accès de son cœur.

Près de cinq années avaient passé depuis le jour où il avait accepté le douloureux sacrifice que lui avait dicté son honneur. Des jeunes gens remis à sa garde il avait acheminé successivement les deux aînés vers les collèges où devait se compléter leur instruction ; il avait vu le plus jeune grandir à son tour. Son œuvre était achevée.

Il s'éloigna d'Evreux. Les amitiés qu'il y avait formées étaient de celles que l'absence ne brise pas. L'expression de ce cordial attachement ne lui fit jamais défaut, et les annales de Vaugirard et de Sainte-Marie, en répétant les noms des Chambray et des L'Espinasse, en donnèrent par la suite le clair témoignage.

V

Malgré les promesses des constitutions, l'enseignement secondaire n'avait pas encore conquis sa liberté. De très rares établissements maintenaient les droits de l'éducation chrétienne en face des maisons universitaires où la foi était trop souvent mise en péril. Aux portes de Paris, à Vaugirard, s'était organisée, sous la direction de M. l'abbé Poiloup, une de ces institutions de choix où les âmes échappaient aux atteintes de l'indifférence et de l'irréligion. Nombreuses étaient les familles qui, voulant faire profiter leurs enfants de ce bienfait, les dirigeaient de tous les points de la France vers cet asile privilégié. La grande préoccupation de M. Poiloup était d'assurer à son œuvre des professeurs à la hauteur de leur mission. Les grandes qualités de M. Mabire lui furent signalées. Il n'hésita pas à le mettre au nombre de ses collaborateurs, heureux « de donner à « son établissement un ouvrier de plus, qui par ses « vertus et ses talents travaillerait à sa prospérité ». Le 8 octobre 1835, au nom de son supérieur, M. Lévêque, prêtre éminent qui par sa valeur s'était acquis une grande autorité, annonça la résolution

prise. « Vous êtes attendu avec impatience, écrivait-
« il au nouveau professeur. Je vous assure que tout
« le bien qui m'a été dit de vous, a déjà commencé
« de ma part un lien d'amitié que votre présence et
« des rapports de tous les jours ne feront que forti-
« fier ». M. Mabire serait chargé de la classe de se-
conde.

Muni du consentement de son évêque, il quitta la
Normandie et franchit pour la première fois le seuil
de cette demeure où ses aptitudes pour l'enseignement rencontraient le terrain favorable longtemps
cherché. Sans doute, il lui fallait interrompre ces
travaux préférés auxquels se livrait avec ardeur sa
science déjà profonde ; la préparation des classes lui
imposait des études d'un autre ordre que ses forces
ébranlées ne pouvaient accroître. C'était un sacrifice. Il lui paraissait léger lorsqu'il voyait se développer sous son influence les jeunes intelligences
vers lesquelles son cœur s'inclinait.

D'ailleurs, très vite, un champ plus vaste fut offert
à son activité. Trois ans s'étaient à peine écoulés que
la chaire de philosophie lui était confiée. C'est lui qui
serait chargé à l'avenir de graver les principes dont
l'empreinte se retrouve dans la conduite de la vie.
La Providence lui montrait plus distinct le but vers
lequel le menait sa vocation. Pour être à la hauteur
de cette tâche, pour atteindre l'idéal qu'il cherchait,
aucun effort ne lui semblait trop lourd. Les soirs

d'hiver le trouvaient penché sur les livres auxquels
il demandait la lumière qu'il transmettait aux autres ;
et dans les jours d'été, ses méditations se prolongeaient dans la grande allée du parc et autour du
parterre bordé de lauriers-roses.

Il n'avait garde de négliger les précieuses ressources que mettait à sa portée le haut enseignement
universitaire. Il suivait avec assiduité les cours de la
Sorbonne et du Collège de France. Mais, il ne convenait pas à son esprit cultivé et à sa foi profonde
d'accepter sans contrôle des doctrines qui pouvaient
contredire ses croyances religieuses ; sa conscience
ne lui permettait pas de rester un auditeur passif.
Au printemps de l'année 1841, Jules Simon fit une
leçon qui ne lui donnait pas pleine satisfaction. Des
points graves qui tenaient au fond de la théologie
catholique avaient été traités par l'éminent professeur
sans qu'il eût fourni les explications désirables.
M. Mabire crut devoir lui adresser quelques réflexions
et lui demander qu'il voulût bien s'expliquer. Huit
jours après, il reçut la réponse. Au début de sa
leçon, d'une voix émue, Jules Simon déclara qu'il
n'avait jamais eu l'intention d'attaquer directement
ou indirectement les croyances catholiques. « Je les
vénère et je les partage », dit-il, prenant à témoin
son auditoire de la réserve de son enseignement.
Une véritable démonstration accueillit ces paroles ;
elles furent saluées par une salve d'applaudissements.

Celui dont la ferme attitude avait préparé cette manifestation s'unit à la foule ; et lorsqu'il regagnait
paisiblement sa chère maison, son âme sacerdotale
savourait la douce joie d'avoir provoqué un public
hommage au Dieu qu'il servait.

*
* *

Le mois d'août ramenait le temps des vacances.
Le maître demandait à ces jours de liberté une diversion à ses préoccupations ; il retrempait ses forces
dans un repos nécessaire.

Parfois, de plus lointaines excursions l'entraî-
naient vers des régions qui avaient pour lui le charme
de l'inconnu. Pendant l'été de 1841, un voyage, long
à cette époque, l'avait amené jusqu'aux confins de la
Provence. Répondant à l'appel de son jeune frère
momentanément écarté de la Normandie par les
débuts de sa carrière administrative, il s'était mis en
route à travers les sites grandioses du Dauphiné et
sous le beau ciel du midi. Sur la terrasse du château
de Ventavon qui s'élevait au-dessus de la vallée de la
Durance, il respirait l'air vivifiant des grandes montagnes que ses yeux contemplaient avec admiration.

Les vacances de 1845 lui apportèrent la réalisation
d'un rêve longtemps caressé. A la fin du mois d'août,
il parcourut de nouveau la Provence et visita ses
ruines romaines qui faisaient renaître de récents

3

souvenirs ; puis, il s'embarqua dans le port de Marseille. Après un rapide séjour à Gênes dont les beaux palais et les églises de marbre l'émerveillèrent, de Livourne il gagna Pise, ravi de sa Cathédrale et de son Campo Santo, heureux de se trouver sur les bords de l'Arno qui lui rappelaient les poëmes de Dante. Prenant la mer une fois encore, après deux jours et deux nuits d'une traversée pénible, il se trouva dans la baie de Naples en face de l'incomparable spectacle qui ne s'oublie pas. Un trajet de quatre jours sur les routes italiennes l'amena enfin à Rome, le but de son voyage. De grandes jouissances intellectuelles y attendaient le littérateur et le savant. Le prêtre y rencontra mieux encore l'accomplissement de ses désirs en voyant pour la première fois les lieux que les grands faits du christianisme avaient sanctifiés, et en rendant hommage à la plus haute autorité de l'Eglise en la personne de Grégoire XVI. Lorsque la perspective prochaine de la rentrée des classes lui imposa le retour, il gardait au fond du cœur des impressions ineffaçables.

Le plus souvent, c'est à son cher Bocage normand qu'il demandait un renouveau d'énergie. Il aimait le calme de la petite ville que troublaient seuls le bruit des sabots campagnards qui, aux jours de marché frappaient les dalles de granit de la rue montueuse, et le murmure monotone des métiers qui montait du fond de la vallée. Il se plaisait, du petit jardin en ter-

rasse où enfant il avait joué gaiement, à suivre des
yeux les contours du doux paysage, qui lui découvrait
d'un côté les ruines du vieux donjon et qui lui montrait de l'autre les maisons grises escaladant les replis
des collines dominées par le mont couronné de sapins.
Il ne se lassait pas surtout des échanges d'une tendre affection que le cours des années n'avait pas re-
froidie. La pensée du départ venait lui redire que les
joies qui passent sont imparfaites. Il ne pouvait alors
dissimuler la tristesse qu'il en ressentait. « Dans
quelques jours, je vais quitter ma mère et mes
sœurs ; j'éprouve toujours à me séparer d'elles la
même peine dont la raison seule peut triompher ».
Et lorsque la diligence emportait le voyageur
vers la grande ville, il gardait une blessure lente
à se guérir. « Je suis heureux, écrivait-il au
lendemain du retour, d'avoir revu encore une fois
les lieux où j'ai été élevé. L'âme se trouve doucement
rajeunie et comme rafraîchie en présence des objets
qui ont éveillé ses premières pensées et fixé ses premiers sentiments. J'ai parcouru quelques-unes de
nos jolies promenades. La paix habite toujours nos
vallées et nos champs ; j'en suis revenu calme et
heureux ; mais je me trouve triste de les avoir quit-
tés. Mes adieux cependant ont été plus fermes qu'à
l'ordinaire ; c'est depuis mon retour que j'éprouve
un grand fonds de tristesse ».

Sous une apparence de froideur accentuée par une

timidité difficile à vaincre, se cachait une sensibilité délicate, ignorée seulement de ceux qui ne jetaient qu'un regard de surface.

**
* *

Il fallait pourtant imposer silence au chagrin de la la séparation ; et, cette fois encore, un travail incessant cicatrisait la plaie.

Des liaisons nouvelles ne pouvaient assurément faire délaisser les affections dont les racines profondes étaient dans le passé. Et cependant, le pressentiment de M. Lévêque ne l'avait pas trompé. Bien vite, M. Mabire était devenu pour ses collègues un ami d'un commerce très sûr. Lorsque l'un d'entre eux s'éloignait, sa fidélité constante le suivait. Il était le premier à se réjouir lorsque les honneurs venaient consacrer leur mérite.

Plusieurs furent élevés à l'épiscopat. Ce fut un bonheur pour lui de retrouver dans le palais épiscopal de Marseille, l'un des compagnons de ses premières années de Vaugirard, Mgr Cruice, qui était devenu l'un des professeurs les plus estimés du collège où il avait reçu son éducation.

Plus étroit fut le lien qui l'unit au successeur de ce distingué prélat. Après avoir obtenu le grade de docteur en droit, M. Place avait mis au service de l'institution dirigée par M. l'abbé Poiloup la science

qu'il avait acquise dans de fortes études. Sa vocation
sacerdotale s'était alors affirmée. Agé de trente-trois
ans, il s'était rendu à Rome pour se préparer à recevoir les ordres. Entravé par les événements politiques qui bouleversaient alors les états pontificaux et
qui l'amenèrent à Gaëte en 1849 à la suite de Pie IX,
il ne put réaliser son pieux dessein qu'après le réta-
blissement de la paix longtemps troublée. Dans ses
lettres, il entretenait alors son ami de Vaugirard des
réflexions que lui inspirait une situation pleine d'incertitude, et il lui demandait avec instances l'appui
de sa prière. « Ce n'est pas, ajoutait-il, ma misérable
liberté que je regrette ; je suis heureux au contraire
de pouvoir l'offrir à Notre-Seigneur puisque je n'ai
pas autre chose à lui donner ; mais, je suis effrayé
de ma misère et de l'immensité des obligations que
je vais contracter ; si vous avez de l'amitié pour moi,
comme j'en suis convaincu, le moment est venu d'en
faire usage ». Cette cordiale liaison ne subit pas les
atteintes du temps. Jusqu'au dernier jour, le directeur
des petits séminaires de la Chapelle Saint-Mesmin et
de Notre-Dame-des-Champs, l'évêque de Marseille et
l'archevêque de Rennes resta fidèle aux souvenirs du
passé. « Mon bon et très cher ami, écrivait-il plus de
vingt ans après la séparation au confident d'autrefois,
croyez que mon âme est unie aussi étroitement à la
vôtre que quand nous vivions sous le même toit, et
que tout ce qui est vôtre est mien ».

Profonde encore était l'intimité qui régnait entre M. Mabire et un prêtre breton, collègue de la chère maison de Vaugirard, qui recevrait plus tard la dignité épiscopale, M. de Leséleuc de Kerouara. Grande fut la joie des deux amis de se voir réunis après de longues années au milieu des fêtes qui attiraient les foules vers Paray-le-Monial. Grande fut la tristesse de celui qui ne devait plus le revoir lorsque, au bout de quelques semaines à peine, parvint la nouvelle de la mort foudroyante de l'évêque d'Autun, qui brisait des espérances naissantes.

Dans la classe de philosophie un courant se formait de très-vive sympathie qui, rapprochant le maître des élèves, se transformerait bien souvent en une solide amitié. C'est avec un sentiment de douce fierté que, rendant grâces à Dieu, M. Mabire voyait les disciples de jadis remplir avec distinction le rôle social auquel les avait appelés la Providence. Beaucoup occupèrent des postes élevés. En 1871, lorsque, après les désastres de la guerre, les élections à l'Assemblée nationale choisirent dans l'élite des familles de France les hommes dont la mission serait de guérir les plaies de la patrie, l'ancien professeur vit à maintes reprises figurer parmi les vaillants acteurs des luttes parlementaires ceux dont il avait pris soin de former la jeune intelligence. Souvent il reçut l'expression d'une reconnaissance que les années ne pouvaient amoindrir. « Si j'entre aujourd'hui à l'Institut, lui écrivait M. Gaudry, c'est à vous que je le dois ; ce qui a développé mon esprit, c'est votre admirable cours de philosophie. Après trente-six ans, je me rappelle encore le charme de votre parole qui me faisait entrer comme dans un monde nouveau ».

Les succès des anciens élèves de sa chère maison réjouissaient l'âme du prêtre, parce qu'il voyait grandir en eux de bons serviteurs de la cause de l'Eglise. La récompense de ses efforts était meilleure encore lorsque s'affirmait en eux une haute vertu qui s'éleva parfois jusqu'au sacrifice. C'est avec une douloureuse émotion qu'au lendemain des plus sombres jours de la Commune, il apprit que l'une des victimes de l'horrible drame était l'un de ses plus studieux auditeurs de l'année 1842. Fils d'un magistrat, Henri Planchat avait tout quitté pour se consacrer au service des pauvres et des humbles. Prêtre de la congrégation des Frères de Saint-Vincent-de-Paul, il s'était imposé les plus dures privations pour ses chers apprentis et ses jeunes ouvriers du patronage de Charonne. La guerre et le siège de Paris avaient aggravé une situation déjà pleine de périls. Aux premiers jours de ce mois de mars 1871 qui devait voir triompher l'émeute, prélude de la sanglante tragédie, il en faisait un tableau saisissant au maître dont l'amitié lui restait fidèle après un long espace de près de trente années. Il avait fallu patronner huit mille mobiles, soutenir de distributions de vivres plus de cent jeunes gens, soigner soixante malades, nourrir journellement dix personnes, débris de la communauté dispersée ou auxiliaires de l'œuvre, évangéliser toute une population, préparer à la première communion et vêtir pour ce grand acte cent vingt-cinq adultes. Malade et épuisé de fatigue, dénué de ressources, l'apôtre s'était dévoué au point de porter les vieilles chaussures et les vieilles soutanes envoyées pour ses pauvres. Évoquant les souvenirs de Vaugirard, il adressait un dernier appel : « Dieu vous rendra au centuple pour vos pauvres ordinaires *ce que vous ferez pour empêcher les* pauvres de Jésus-Christ de succomber sous le suprême *effort à eux imposé par les douloureuses* épreuves de Paris ». Un mois après, à l'instant même où, malgré les menaces grandissantes, l'aumônier, resté à son poste, donnait les derniers vêtements dont il pouvait disposer, les prétendus amis du peuple le traînaient en prison. *Le 26 mai suivant,* les balles des fédérés en faisaient un martyr. Ainsi se couronnait une vie d'héroïque charité. La pensée d'avoir quelque peu contribué à jeter dans l'âme de l'adolescent la semence qui s'était plus tard épanouie dans un dévouement dont il fut l'un des derniers confidents, ne manqua pas d'être une grande consolation pour le cœur du vieux maître.

*
* *

Professeur, M. Mabire avait une conscience trop délicate pour ne pas donner à ses élèves, avec une exactitude minutieuse, sa tâche quotidienne. La préparation de ses leçons, la correction des devoirs, les questions par lesquelles il s'assurait que son enseignement avait été bien saisi, *constituaient son occupation première.* La réflexion qu'éveillaient les études philosophiques s'alliait à la culture littéraire; et, sous cette influence, se formaient des tendances *intellectuelles et morales qui garderaient leur rôle directeur* sur l'ensemble de la vie entière.

La science distribuée n'était d'ailleurs que l'auxiliaire de l'éducation chrétienne. A Vaugirard, de jeune âge, on faisait l'apprentissage de la charité. Elle avait sa place marquée dans les divertissements mêmes qui venaient interrompre la sévérité des occupations sérieuses. *Les élèves de philosophie* devenaient à leurs heures auteurs dramatiques. Tantôt, ils mettaient en action l'héroïsme chrétien défendant contre l'infidèle, au lendemain de la prise de Constantinople, une des dernières citadelles de l'Albanie; tantôt, remontant le cours des siècles, ils menaient les spectateurs dans le palais du préfet de Rome et dans les Catacombes, pour y suivre un jeune grec de haute naissance qui, renonçant aux faveurs de Dioclétien, allait au-devant des supplices plutôt que de renier le vrai Dieu. Toujours, ils montraient que rien n'est au-dessus de la foi et de l'honneur. On applaudissait les jeunes interprètes du *Château d'Acra* et du *Martyre de Saint Sosime ;* et le professeur se réjouissait de succès dont il était l'un des artisans. L'œuvre était imprimée ; en recueillant le profit de la vente, les pauvres de Vaugirard apprenaient à connaître et à aimer ceux qui se donnaient à eux sous le patronage de Saint Vincent de Paul

M. Mabire se devait à ses élèves ; mais, il lui semblait que son zèle pouvait être efficace sur un champ plus vaste. Une commune mission le rapprochait alors d'un homme de grand mérite, M. l'abbé Manier, prêtre de Saint-Sulpice, qui enseignait la philosophie au Séminaire d'Issy. Avec lui, il avait formé le projet de publier une bibliothèque philosophique. Le plan était d'offrir à la jeunesse un choix des meilleurs ouvrages de philosophie, en accompagnant les extraits reproduits des explications nécessaires pour les éclairer et les rectifier si la doctrine exposée comportait quelque critique. La collection comprendrait par la suite des fragments empruntés aux traités philosophiques de Descartes, de Bossuet, de Fénelon, des autres écrivains célèbres.

Des ouvrages récents avaient mis en relief la philosophie enseignée avec éclat à la fin du dixhuitième siècle dans les Universités écossaises. Le

professeur de Vaugirard appréciait une méthode
qui, excluant les théories fantaisistes et mettant en
honneur la psychologie, s'appuyait sur l'observa-
tion et sur une saine raison Il admirait les mora-
listes qui cherchaient à entretenir dans l'âme de
leurs disciples la fidélité au devoir dont ils donnaient l'exemple dans leur vie. Il lui semblait qu'ils
avaient trouvé la mesure exacte qui, tout en accor-
dant à la science sa part légitime de liberté, gardait
à l'autorité la place prépondérante en son domaine.
Il pensa que la diffusion de ces doctrines exercerait
une heureuse influence sur les esprits. Il se mit à
l'œuvre : il se proposa de les faire connaître, et
comme premier ouvrage, il choisit les *Esquisses de
philosophie morale* de Dugald Stewart, qu'il traduisit et qu'il publia en les faisant précéder d'une
introduction où ses idées étaient développées.

L'entreprise nouvelle n'allait pas sans causer quelque inquiétude. Les objections se formulaient, et
M. l'abbé Poiloup redoutait que leur contre-coup
n'atteignît la maison qu'il avait fondée. Cette timidité apparaissait comme le désaveu d'un enseignement distribué chaque jour depuis plusieurs années. M. Mabire le faisait observer respectueusement à son supérieur. Refuser de montrer au grand
jour, sous l'autorité du professeur et de sa maison,
un corps de doctrines qui n'était que la reproduction
exacte des pensées exprimées devant le jeune audi-

toire du collège, c'était en quelque sorte le frapper d'interdit. M. Mabire, prêt à faire toutes les rectifications que lui aurait signalées l'autorité religieuse, revendiquait hautement la responsabilité de son enseignement. Ces sentiments dictés par la conscience et par l'honneur ne pouvaient manquer d'être compris. La trop grande prudence se fût transformée en faiblesse ; elle ne pouvait avoir gain de cause. L'ouvrage parut à la fin de 1841.

L'auteur poursuivit son œuvre. Demandant au maître les leçons qu'il avait tout d'abord trouvées chez le disciple, il publia en deux séries des extraits empruntés aux traités philosophiques de Thomas Reid. Son premier dessein avait été d'en faire lui-même la traduction ; le travail fût resté presque stérile au lendemain du jour où semblable entreprise venait d'être terminée. Usant d'une autorisation facilement obtenue, persuadé qu'il ne pouvait surpasser un maître renommé, il se contenta de mettre sous les yeux d'un public spécial les parties les plus saillantes des œuvres du philosophe dans le texte français récemment publié par Jouffroy. Il faisait suivre ces extraits, qu'il s'était borné à choisir, d'un travail personnel. Après avoir fait connaître la vie de Thomas Reid d'après les souvenirs laissés par Dugald Stewart, il s'efforçait de fixer le caractère de ses doctrines, d'en rechercher l'origine et de déterminer l'influence à laquelle elles avaient droit. Ces consi-

dérations étaient soumises au public sous le titre
d'*Essai sur la philosophie écossaise.*

Bien que quatre années se fussent écoulées, les
critiques inévitables n'avaient pas complètement dé-
sarmé. L'auteur ne pouvait s'en émouvoir ; sa conscience trouvait la sécurité dans sa soumission à son
archevêque. « Votre bonté m'encourage, lui avait-il
dit, et je suis soutenu d'ailleurs par la pensée et le
désir de faire quelque bien, en demandant un peu
plus de liberté pour la philosophie sincèrement dé-
vouée à la foi et à l'Eglise ». Mgr Affre avait examiné
lui-même l'ouvrage soumis à son approbation ; quelques notes écrites de sa main suggéraient la conve-
nance d'un léger remaniement. « A en juger par les
seules pages qui ont été critiquées, ajoutait-il, votre
travail peut être très utile ». Fort de ce haut appui,
M. Mabire poursuivait sans hésitation une publication
qui paraissait avec l'approbation de l'archevêque de
Paris.

La liberté qu'il revendiquait pour la philosophie,
n'excluait pas la direction qui la maintenait dans la
voie droite de la vérité. Personne n'en était plus persuadé que lui. Il s'empressa de démontrer que telle
était sa pensée en mettant sous les yeux du public
français un livre alors en vogue en Allemagne, qui
n'était autre qu'un exposé de la doctrine catholique.

Henri Klee, professeur à l'Université de Bonn,
avait composé un *Manuel des dogmes chrétiens* qui,

comme son titre l'indiquait, faisant une large part à
l'histoire et à la réfutation des erreurs condamnées par
l'Eglise, traçait le tableau des croyances qui s'imposaient à la foi des fidèles. M. Mabire entreprit la traduction de ce livre ; il en rectifia et en compléta les
annotations. « Nous y avons trouvé, disait-il, un guide
précieux dans nos études philosophiques, que nous
sentions le besoin de contrôler et de soutenir par une
doctrine supérieure, fixe et invariable dans son sym-
bole ». Les deux volumes destinés à être répandus en
France, parurent au début de l'été de 1848. Ils étaient
dédiés à Monseigneur Raëss, évêque de Strasbourg.
Le prélat alsacien avait été le collaborateur du docteur Klee au grand séminaire de Mayence. Il s'était
empressé d'accepter aimablement l'hommage qui lui
était offert, heureux de prendre sous son patronage
la diffusion d'un livre qui, à ses yeux, était pour
l'auteur un titre de gloire. « Je n'ai, disait-il au traducteur, que des félicitations à vous adresser sur
votre entreprise et sur la manière dont vous l'avez
exécutée ».

Dans la pensée de M. Mabire, les écrits des philo-
sophes écossais et du théologien allemand, n'étaient
en quelque sorte que des introductions. Ils seraient
le préambule d'une importante publication dont il
avait conçu le projet depuis longtemps et que les
circonstances ne semblaient plus devoir retarder.
Déjà, le professeur avait fait autographier les leçons

qu'il donnait à ses élèves. Il se proposait de les réviser et de leur donner leur forme définitive. Il ferait alors imprimer son cours de philosophie qui serait prochainement suivi d'un cours de religion. Il terminerait son œuvre en composant un recueil de lectures philosophiques, entreprise difficile qu'avec de précieux concours il ne désespérait pas de mener à bonne fin.

Au début de l'année 1850, une correspondance fréquente établissait un échange de vues entre le professeur de Vaugirard et M. Manier, qui s'était éloigné de Paris appelé à remplir son ministère dans la ville de Reims. Auteur d'un ouvrage sur la *Psychologie expérimentale* et d'un traité de philosophie en langue latine, le savant sulpicien se préoccupait d'ajouter des volumes nouveaux à la *Bibliothèque philosophique de la jeunesse*. L'avis de son confrère était toujours provoqué, et il n'hésitait pas à s'incliner devant ses objections. Ainsi se poursuivait une œuvre commune.

L'impression du cours de philosophie de M. Mabire devait commencer aux vacances suivantes. Ce plan de travail allait être bien vite détruit par les événements.

VI

La calme maison de Vaugirard avait laissé passer, sans en être ébranlée, le drame qui s'était déroulé à ses portes. Certes, ce n'était pas sans une douloureuse anxiété que M. Mabire avait vu la monarchie de Louis-Philippe s'effondrer devant l'émeute. Et pourtant, un sentiment de confiance régnait dans son âme. « Je suis de ceux qui espèrent, écrivait-il au lendemain de la Révolution. J'espère, mais je ne suis pas sans crainte. Je redoute la guerre civile, qui nous plongerait dans d'incalculables calamités ; je redoute le despotisme qui peut sortir d'une puissance populaire comme de toute autre puissance et en sortir plus terrible et plus implacable. En somme, j'espère plus que je ne crains. Il y a, j'en suis convaincu, dans notre pays assez d'intelligence, assez d'instincts généreux, assez de dévouement et d'amour de l'ordre pour suffire à une République bien ordonnée. Mais, il faut que tout le monde s'emploie ; cela me paraît un devoir de conscience ; je voudrais dire cela bien haut à tous nos prêtres, à tous nos honnêtes chrétiens, qui sont le levain précieux par lequel toute la masse peut entrer en fermentation ».

Quelques jours après, de la paisible demeure, on percevait l'écho lointain de la fusillade qui ensanglantait Paris.

L'ordre se rétablit. Dans l'entourage du pouvoir nouveau qui grandissait, la liberté gardait ses droits. Dévoué à la grande cause qui faisait l'objet des revendications des catholiques, M. de Falloux avait accepté l'offre du prince-président lorsqu'il lui avait proposé le ministère de l'instruction publique. De suite, il entreprit sa noble tâche, et dès les premiers jours de janvier de l'année 1849, il constitua les commissions qui devaient élaborer la nouvelle charte de l'enseignement. L'expérience que M. Mabire avait acquise dans l'enseignement libre, donnait à son témoignage une réelle valeur ; il fut recueilli au cours de ces travaux préliminaires qui devaient préparer la réforme attendue. L'œuvre fut laborieuse ; elle n'échappa ni aux attaques des adversaires ni aux critiques des alliés. Enfin, elle triompha ; le 15 mars 1850, le projet fut transformé en loi définitive par le vote de l'Assemblée législative. La liberté de l'enseignement secondaire était consacrée.

De généreuses initiatives firent surgir sans retard de nombreux collèges catholiques sur tous les points de la France. A cette époque, le pensionnat ecclésiastique de Caen comptait, au nombre de ses directeurs, un jeune prêtre d'une ardente piété, M. Langlois. Issu d'une famille distinguée, il était posses-

seur d'une notable fortune. Profondément désinté-
ressé, ne voyant en toutes choses que le service de
son divin Maître, ne pouvait-il pas se faire pauvre
volontaire en lui consacrant les biens confiés par sa
Providence ? Il n'hésita pas. Aux portes de Caen, à
La Maladrerie, s'élevait une vaste construction, ancienne usine, qui semblait convenir pour un établissement important ; l'étendue du terrain qui l'envi-
ronnait, permettrait de pourvoir aux nécessités ulté-
rieures. Encouragé par son évêque, Mgr Robin,
M. Langlois en fit l'acquisition. Au diocèse de Bayeux,
les familles chrétiennes trouveraient désormais pour
leurs fils un asile où leur foi serait préservée de toute
atteinte.

M. Langlois avait une intelligence cultivée ; mais,
revêtu du caractère sacerdotal depuis moins de deux
années, il était à peine âgé de vingt-six ans. N'était-
il pas téméraire d'entreprendre à lui seul une œuvre
de si haute importance ? Sa modestie ne lui permit
pas d'en douter. Il soumit ses craintes à Mgr Robin
et le pria de désigner l'auxiliaire qui l'aiderait à
fonder et à diriger l'établissement nouveau. Le prélat
se souvint alors du prêtre qui, vingt ans plus tôt,
s'était éloigné tristement de son diocèse et qui par
son mérite, s'était placé aux premiers rangs parmi
les maîtres de l'enseignement libre. Il fit appel au
dévouement de M. Mabire.

Cette proposition inattendue surprit et troubla profondément celui à qui elle était adressée. Revenir au pays natal, retrouver dans un contact plus fréquent les chères affections qu'il y avait laissées, c'était assurément une douce perspective Mais, il fallait quitter des amitiés cimentées par plusieurs années d'un commerce journalier, briser les liens qui l'unissaient à une jeunesse dont le filial attachement répondait à sa sollicitude, s'éloigner de la demeure hospitalière où il trouvait le calme nécessaire pour l'étude et près de laquelle s'offraient d'incomparables trésors de science. Le sacrifice était douloureux. Le devoir l'ordonnait-il ?

M. Mabire se recueillit, consulta et pria. Il voulut fixer dans son esprit les principes qui devaient présider à une saine éducation. Il voyait dans ces méditations une préparation à la mission qui le lendemain s'imposerait peut-être à sa bonne volonté. Il lui sembla que faire connaître le résultat de ses réflexions, c'était répondre à la préoccupation la plus vive de l'heure présente, et, sous la forme d'une lettre à un ami, il exposa ses *Idées sur l'éducation*. Ces pages furent accueillies avec faveur ; le plan qu'elles traçaient il y a plus de soixante ans, ne paraît pas avoir vieilli.

Cependant, les instances se multipliaient. Les conseils n'étaient pas unanimes. Des autorités d'une incontestable valeur faisaient observer que la maison qui allait s'ouvrir aux portes de Caen, n'était pas à proprement parler un établissement diocésain ; que, malgré le patronage épiscopal, elle restait une institution particulière exposée à toutes les incertitudes de l'avenir ; que le prêtre qui avait pris une initiative généreuse avait bien montré son zèle, mais que sa jeune expérience n'avait pu donner ses preuves et qu'on pouvait encore redouter qu'il ne dictât des décisions discutables là où l'unité de direction était nécessaire. Plus haut que ces avis parlait le désir de l'évêque de Bayeux. Et des voix qui ne pouvaient manquer de se faire entendre, faisaient écho à la sienne. « Venez, je vous en supplie, écrivait M. de Valroger, réaliser les idées fécondes que vous avez si bien développées. Votre succès nous semble infaillible ». « Le diocèse de Bayeux n'est-il pas votre diocèse natal? ajoutait M. Noget-Lacoudre, la Providence, en vous y faisant naître, n'avait-elle pas pour but de faire servir vos talents au bien de ce diocèse ? Venez donc, cher confrère, parmi nous ».

La perplexité de M. Mabire était grande. Son âme était trop élevée, son désir d'accomplir la volonté divine trop ardent pour qu'il pût tenir compte de goûts et de tendances dont l'expression aurait trahi une préoccupation personnelle. Mais, quelle était donc la tâche dont la Providence attendait de lui l'accomplissement ? Il voyait d'un côté le bien que pouvait réaliser une expérience de l'éducation reconnue par son évêque. De l'autre, pourtant, que d'objections à ses yeux ! Une nature impressionnable, des aptitudes qui le portaient vers le travail de la pensée et le détournaient de la vie active, la perte de nombreuses années d'étude et l'abandon de travaux utiles en voie d'exécution, un bien certain à sacrifier pour des avantages problématiques, l'ébranlement possible de la maison où il exerçait une influence incontestable ! Seul, il ne pouvait avoir ni la santé ni l'énergie suffisantes pour porter le fardeau, et le collègue qu'il aurait voulu associer à ses efforts, M. Nicolle, opposait un refus pour des raisons que de graves autorités jugeaient décisives. Serait-il vraiment utile à l'Eglise en consacrant à une œuvre nouvelle des forces déjà diminuées par l'âge et usées par le travail?

L'insistance devenait plus vive ; il fallait prendre un parti. Pour éclairer la voie tracée par la Providence, n'importait-il pas de recourir au jugement d'un homme qui était à cette époque une des lumières de l'Eglise de France? M. Mabire résolut de s'en remettre à la décision du Père de Ravignan ; et, pour qu'elle fût donnée en pleine connaissance de cause, il exprima le désir d'avoir pour témoin de son entretien M. Langlois lui-même. La conférence eut lieu. Le saint religieux écouta. Les motifs qui inclinaient vers l'acceptation, ceux qui militaient en faveur du refus lui furent exposés avec une égale impartialité. Il les pesa. La balance pencha du côté des objections. Il conseilla au professeur de Vaugirard de rester à son poste. Il fut entendu que M. Mabire exposerait respectueusement à Mgr Robin sa reconnaissance pour le témoignage de confiance dont il l'honorait et son regret de ne pouvoir lui donner la réponse que son dévouement filial lui aurait dictée s'il n'avait dû s'incliner devant des considérations qui n'étaient plus les siennes. De son côté, M. Lévêque, dans une note adressée au prélat, lui faisait connaître l'intérêt de premier ordre que la maison de Vaugirard avait à conserver un maître dont le départ serait funeste.

Mgr Robin ne s'inclina pas devant ces avis. Jugeant que le lieu de la naissance choisi par Dieu désignait le poste où il voulait être servi, l'évêque de Bayeux persista dans sa demande. Le Père de Ravignan fut consulté de nouveau ; il se recueillit et prononça le mot décisif : « Allez où votre évêque vous appelle ». Le consentement fut donné non pas sans meurtrissures, mais sans arrière-pensée.

VII

Le mois de juillet était venu. A La Maladrerie, les
travaux d'aménagement étaient commencés et pour-
suivis avec activité. Quelques semaines après, Mg^r
Robin visitait en détail les salles transformées et le
parc. Partout, il répétait que c'était « admirable ».
Au mois d'octobre, rien ne faisait obstacle à l'ouverture de l'établissement nouveau.

Tout sentiment d'inquiétude n'était pas encore
banni. Le maître, habitué à voir de nombreux
auditeurs se presser autour de sa chaire, ne pouvait
se défendre d'une impression de tristesse lorsqu'il
comparait les rangs serrés des écoliers qui repre-
naient la route de Vaugirard, au petit bataillon clair-
semé qui se disposait à venir se confier à sa sollicitude. Mais, le devoir apparaissait maintenant sans
nuages ; si les nouveaux venus étaient rares, ils
appartenaient à des familles d'élite ; et, d'ailleurs, la
Sainte Vierge n'attirerait-elle pas les bénédictions de
l'Enfant Jésus sur la maison qui était placée sous
son patronage? Les cœurs étaient remplis d'espérance lorsque les portes de l'Institution Sainte-Marie
s'ouvraient pour la première fois.

Le collaborateur dont le concours avait été si vivement souhaité, M. Nicolle, persistant dans une résolution prise après mûre réflexion, conservait son poste au collège de Vaugirard. Il y restait en quelque sorte gardien de chers souvenirs. « M. Nicolle habite votre chambre comme vous l'avez désiré, écrivait M. Lévêque à celui dont il continuait à déplorer le départ. Vous savez combien je lui suis attaché, et pourtant je prends parfois un détour pour ne pas passer devant votre porte ».

Un prêtre qui remplissait à l'Institution de M. Poiloup une plus modeste mission, devait bientôt rejoindre M. Mabire. Originaire du diocèse d'Autun, M. Simard s'était spécialement consacré à la surveillance des jeunes enfants. Au collège de Fribourg, il avait fait l'apprentissage du délicat dévouement que demande cette fonction. A Vaugirard, il était resté fidèle à cette vocation. A Sainte-Marie, il allait veiller encore sur les plus petits, les émerveillant par les descriptions de la Suisse qui restait pour lui le pays enchanteur, entretenant surtout leur naïve candeur, en proposant à leur imitation les aimables vertus de Saint Louis de Gonzague et de Saint Stanislas Kostka. Heureux, il avait répondu à l'appel qui lui avait été adressé. Il avait voué à M. Mabire une affection très vive ; c'est avec une joie attendrie qu'il venait à lui. « Il est donc vrai, lui disait-il, que je vais vous retrouver, que je vais travailler avec vous, sous vous, que je ne vous perdrai plus. Ah ! je vole à vous comme un fils très aimant à un père chéri auquel il avait été arraché et qu'il désespérait presque de revoir jamais. Je vole à vous, et j'espère bien que ce sera pour ne plus m'en séparer ».

Le diocèse de Bayeux était assez riche pour pouvoir fournir au collège qui se fondait de précieux auxiliaires. Le petit séminaire de Villiers donna d'excellents professeurs qui mirent leurs efforts en commun avec ceux que la Providence semblait avoir désignés pour répandre le bienfait de l'éducation chrétienne. L'organisation était complète. On pouvait se mettre à l'œuvre sans témérité.

Si M. Mabire apportait la science et l'expérience de l'enseignement, M. Langlois avait pris l'initiative généreuse qui donnait libéralement les ressources matérielles sans lesquelles aucune entreprise ne peut être menée à bonne fin. La maison qui venait d'être transformée était bien la sienne. Il fut décidé qu'il n'y aurait pas de supérieur, que le collège aurait à sa tête deux directeurs. Cette combinaison jetait quelque trouble dans les idées reçues, et on s'explique aisément que des amis dévoués en aient conçu de prime abord une certaine inquiétude. Les faits démontrèrent que leurs préoccupations étaient vaines. Alors commença cette collaboration de près de vingt années qu'aucun nuage ne vint assombrir. On a cité ce jugement d'un témoin : « C'est le seul exemple d'un corps à deux têtes, vivant comme s'il n'en avait qu'une seule ». Ni parmi les maîtres, ni parmi les élèves, il ne se fût trouvé personne pour en porter appel. Assurément, les tendances était différentes ; il y avait plus de réflexion et de prudence d'un côté, plus d'activité et plus d'ardeur de l'autre. Mais, qui eût pénétré dans les deux âmes, y eût rencontré un égal amour de Dieu, une égale bonté, et par dessus tout une égale humilité. C'est tout le secret d'une harmonie si rare.

Les deux directeurs veillaient en commun sur les graves intérêts dont ils avaient la garde. Les consolations ne leur manquaient pas ; et pourtant, la charge était lourde. Le progrès était continu, mais il s'effectuait lentement. Autant que possible, la vie du collège devait ressembler à la vie de famille. Il importait de la préserver des atteintes du dehors ; la maison était d'ailleurs éloignée de la ville ; il n'y serait donc pas admis d'externes. Les élèves n'étaient pas assez nombreux pour accroître notablement les ressources ; leurs rangs plus serrés imposaient cependant des mesures nouvelles. Dès les premiers mois, les fondateurs avaient dû se préoccuper de constructions et d'agrandissements devenus nécessaires. La fortune que M. Langlois avait si généreusement sacrifiée, suffisante pour faire face aux dépenses de la première organisation, devenait restreinte lorsqu'il fallait assurer le fonctionnement régulier de rouages compliqués. La préoccupation se transformait parfois en un grave souci. M. Mabire en prenait sa part sans discuter. Étranger à tout esprit de calcul, il faisait taire, s'il le fallait, les objections qui s'élevaient du fond de son âme pour mettre au service de l'œuvre devenue la sienne l'influence que lui donnaient ses relations et ses amitiés. Les efforts de chacun ne parvenaient pas à bannir toute inquiétude ; et alors le passage d'un nuage de tristesse venait projeter son ombre sur la noble entreprise.

À cette épreuve vint bientôt s'ajouter une grande peine. Une séparation s'imposa semblable à celle qui, de longues années auparavant, avait empli de deuil la maison de Vire. Le 16 avril 1853, M. Mabire vit s'éteindre doucement sa mère après de longues souffrances. La tendresse du fils n'avait pas vieilli ; le coup ne fut pas moins dur que celui qui avait frappé le cœur de vingt ans.

Quelques mois après, un douloureux évènement vint remettre en question les destinées d'une institution que le temps n'avait pas encore affermie. Le 30 décembre 1855, le prélat qui en avait encouragé l'initiative, qui avait assumé les responsabilités d'une fondation à laquelle il avait donné l'appui de son autorité, Mgr Robin, fut enlevé par la mort à son diocèse.

Au mois d'avril suivant, on apprit que, pour désigner son successeur, le choix s'était porté sur le premier vicaire-général de Verdun. Les directeurs de Sainte-Marie s'empressèrent d'offrir à Mgr Didiot l'hommage de leur respectueuse soumission. Le nouvel évêque leur répondit aimablement : « Je suis déjà attaché de cœur et d'affection à la jeune famille que vous dirigez avec tant de succès ». Toutefois l'incertitude de l'avenir, des préventions aussi peut-être auxquelles échappe difficilement celui qui vient prendre place sur un terrain inconnu, inspirèrent très vite à Mgr Didiot la pensée de donner une autre base à la maison d'éducation de son diocèse. « Si vous avez les Jésuites pour successeurs, écrivait-il à M. Mabire dans les derniers jours de 1856, je me consolerai plus facilement de votre retraite, non pas qu'ils puissent faire mieux que vous, mais parce qu'ils nous offriront pour l'avenir une garantie qui peut échapper d'un jour à l'autre quand il s'agit d'une maison séculière. C'est quelque chose de bien chanceux qu'un professorat qui dépend d'un caprice ou qu'une coterie peut culbuter du jour au lendemain ».

Ce projet ne se réalisa pas. Dès le mois de janvier 1857, les fondements étaient jetés d'une organisation nouvelle. Il était formé une société d'actionnaires dont l'évêque de Bayeux avait la présidence et où M. Langlois gardait une place prépondérante. Le prélat s'inscrivait en tête de la souscription ; c'est à lui et à ses successeurs qu'appartiendrait la nomination des directeurs et des professeurs. Bien que ce caractère ne fût pas officiellement proclamé, la maison de Sainte-Marie serait à l'avenir en réalité un établissement diocésain.

M. Mabire, maintenu au poste que l'obéissance et le dévouement lui avaient fait accepter, ne pouvait que se réjouir en voyant venir l'heure d'une stabilité qu'il avait appelée de ses vœux et qui lui permettrait de remplir plus fructueusement sa mission. L'esprit éclairé de Mgr Didiot s'était d'ailleurs dégagé sans retard de l'obscurité des premiers jours. Il comprit tout le mérite d'efforts dont il voyait de ses yeux les heureux effets, et il voulut lui rendre un hommage public. Il profita de la solennité de la distribution des prix de 1859 pour conférer la dignité de chanoine honoraire aux deux directeurs de l'institution dont il appréciait chaque jour davantage les services.

***

Les difficultés d'une œuvre naissante ne pouvaient refroidir un zèle qui ne faisait entrer en balance aucun avantage vulgaire. M. Mabire avait assumé généreusement le fardeau qu'il portait pour se conformer aux desseins de la Providence. Il avait tenu à faire profiter la famille nouvelle dont il était l'un des chefs respectés, des trésors qu'il avait amassés en appliquant les ressources de son intelligence aux études philosophiques. Il estimait que la plus haute classe de l'enseignement était un dernier degré qu'il fallait gravir pour entrer dans la vie muni des armes qui défendent la pensée contre les influences malsaines. Il se réserva le soin de donner aux jeunes gens qui allaient entendre les sollicitations d'une plus grande liberté, l'appui qu'il jugeait nécessaire. Ils le trouveraient dans des doctrines philosophiques, fidèles alliées des croyances religieuses. Il n'hésita donc pas à monter à Sainte-Marie dans la chaire qu'il avait occupée à Vaugirard avec une supériorité incontestée.

Le cours du professeur de philosophie avait fondé une réputation qui le suivait loin des lieux où elle avait brillé d'un plus vif éclat. Il en recevait parfois le témoignage flatteur. De longues années après le départ de Paris, Mgr Dupanloup cherchait auprès de celui qu'il avait en particulière estime, la solution de problèmes difficiles. « Monsieur l'Abbé et bien excellent ami, lui écrivait-il, malgré la séparation et la distance, vous voyez que ma confiance en vous est toujours la même. Je vais là où j'ai trouvé les lumières philosophiques les plus sûres et les meilleures ». Les hommages rendus à sa science étaient sans doute une récompense pour M. Mabire ; ils restaient le secret de son âme ; modestement, il poursuivait ses entretiens avec le petit auditoire vers lequel l'inclinait sa sollicitude.

S'il eût suivi ses tendances, il se fût enfermé dans ce cercle intime où il retrouvait les chères habitudes du passé. Son devoir était plus vaste. Il n'eût jamais été tenté de l'éluder ; il faisait violence à ses goûts, et il se multipliait pour remplir scrupuleusement toutes les obligations de sa charge. Rechercher le concours de maîtres à la hauteur de leur mission ; lorsque les choix avaient été arrêtés et ratifiés par l'autorité épiscopale, éclairer de conseils les plus novices ; écarter toute cause de dissentiment et maintenir l'unité d'action, c'était la tâche première, tâche délicate à l'accomplissement de laquelle s'employaient des ressources inépuisables de tact et d'abnégation.

Les programmes de chaque classe étaient préparés avec soin : et un examen périodique s'assurait de la ponctualité avec laquelle ils avaient été suivis, épreuve redoutée qui pourtant ne soulevait jamais de récriminations parce qu'on savait qu'une impartiale justice y présidait.

Bien des confidences étaient reçues auxquelles répondaient de sages avis. Sa mission terminée, le directeur gravissait de nouveau les marches nombreuses au haut desquelles il retrouvait le lieu solitaire où il ne prendrait le repos qu'après de longues heures de travail. La chambre modeste avait été choisie à l'écart, à l'extrémité de la grande maison, dominant la plaine triste et monotone lorsque la moisson lui avait enlevé

sa parure, éclatante au printemps qui la transformait
en un damier multicolore, toujours belle avec son
horizon où se dressaient majestueuses les flèches de
la vieille église abbatiale. Tout auprès, se rangeaient
pressés sur les rayons, les livres judicieusement re-
cueillis, objet d'une constante prédilection. Les
bruits du dehors expiraient au loin. Dans la calme
retraite qui la favorisait, l'étude se poursuivait ; et,
lorsque les ombres de la nuit avaient étendu leur voile
devant le tableau qui de la haute fenêtre s'offrait à la
vue, elle se prolongeait à la lueur de la lampe, com-
pagne de la veillée qu'entourait un soin minutieux.
Alors, ce n'étaient plus les profondes spéculations
de la pensée qui absorbaient les méditations du philosophe. Son cœur s'était donné sans réserve à ses
enfants de Sainte-Marie ; c'est pour les aider qu'il
faisait appel aux richesses de son intelligence. Les
livres élémentaires se succédaient. Latin, grec, allemand, géographie en faisaient l'objet tour à tour. Le
but était toujours le même : simplifier l'effort des
jeunes esprits. Les langues de l'antiquité apparaissaient comme un élément indispensable de la culture
littéraire. Etait-il nécessaire d'effrayer les débutants
par un copieux appareil de grammaires et de diction-
naires ? En unissant la théorie et la pratique, ne
pourrait-on pas déblayer la voie d'obstacles inutiles ?
La méthode fut discutée ; elle élargissait trop, disait-
on, la part de la réflexion aux dépens du domaine

de la mémoire. Répandue au loin, elle ne trouvait pas une approbation sans réserve auprès des membres les plus écoutés de l'enseignement diocésain. M. Mabire accueillait les objections, prêt à en faire le point de départ d'une instruction plus fructueuse. Les succès dans les examens qui se renouvelaient avec une persistance qui ne se démentait pas, les éloges de membres éminents de l'Université étaient pour lui un précieux encouragement.

Les études classiques étaient en grand honneur à Sainte-Marie ; mais, l'impulsion qu'elles y recevaient, était-elle donc le seul programme que s'étaient tracé les fondateurs du collège catholique ? A quoi bon tant d'efforts et tant de sacrifices si ailleurs se rencontraient une culture intellectuelle supérieure, une science pédagogique achevée ?

L'œuvre était plus large. Former des caractères, imprimer dans les âmes de fortes croyances, donner à la société des hommes à la hauteur de leur mission, armer des chrétiens pour les luttes de la vie en les menant à Dieu, tel était le but poursuivi, but assez noble pour expliquer le dévouement qui s'efforçait de l'atteindre sans jamais se lasser. Pour cela, point de contrainte. Ne pourrait-on, en usant de la seule influence que donnait une paternelle bonté, faire croître les sentiments déposés en germe dans les cœurs au foyer de la famille, cultiver les aspirations élevées, bannir les tendances vulgaires ? Le soir,

M. Mabire réunissait au pied de la chaire les plus avancés en âge ; les maîtres se joignaient aux élèves, et alors commençaient ces *lectures spirituelles*, conseils pleins de sagesse et de délicatesse dont l'impression salutaire se traduisait jusque dans le langage et dans les habitudes extérieures.

Un groupe privilégié était l'objet d'une toute particulière sollicitude. M. Mabire ne se contentait pas d'en confier la garde à un prêtre d'élite qui savait faire grandir et monter une tendre piété. Il voulait guider lui-même les enfants qui, au jour de la Fête-Dieu, communieraient pour la première fois. Il s'éloignait avec eux du collège, dirigeant leurs pas vers un étroit enclos. Sous l'ombrage qui gardait encore la fraîcheur du printemps, le cercle se formait sur l'herbe naissante autour du vieux maître qui faisait comprendre la grandeur du jour qui approchait. Les jeunes âmes revenaient du *petit champ* pénétrées des douces émotions qui préparaient le bonheur du lendemain.

C'étaient bien des sentiments de mutuel attachement qui régnaient à Sainte-Marie. Ils se manifestaient par une très sincère expression lorsque revenait le 29 juin. Bien que M. Mabire ne fût pas désigné dans l'intimité de la famille sous le nom du grand apôtre choisi comme l'un de ses patrons, et que M. Langlois ne l'eût jamais porté, c'est au jour où l'Eglise célébrait la solennité de Saint Pierre que

les souhaits de bonne fête venaient redire aux directeurs l'affectueux respect qui les entourait. Le retour
de cette date était salué avec bonheur chaque année.
« Le passé, disait M. Mabire, c'est le réel paré des
charmes de l'idéal ». « Nos souvenirs, répétait-il,
quand ils sont purs et nobles, c'est la meilleure part
de notre existence ». Ainsi pensaient ceux qui re-
trouvaient entre les murs de la maison hospitalière,
un écho des impressions qui avaient jadis parlé à
leur âme. Parfois, les anciens se joignaient fraternellement aux derniers venus ; et alors, les visages
étaient radieux. La poésie elle-même traduisait en
rythmes harmonieux une fidèle reconnaissance. Il
n'est pas jusqu'aux chefs-d'œuvre de la comédie
classique qui ne fussent mis à contribution pour
apporter leur note de gaieté. Puis, tous prenaient la
route d'une des plages voisines, et les vœux s'échan-
geaient plus ardents. Lorsque le passage de la longue
file des voitures donnait aux rues de la ville une
animation inaccoutumée, les fenêtres s'ouvraient. On
s'étonnait d'abord ; mais, bien vite, la surprise faisait place à un sourire sympathique. On se répétait
que les enfants de Sainte-Marie revenaient joyeux à
la fin d'une journée qui leur avait semblé très bonne
parce qu'ils s'étaient affectueusement groupés autour
de leurs maîtres ; et on savait avec quel filial abandon
ils reconnaissaient une paternelle bonté.

La dernière semaine du mois de juillet annonçait

la fin de l'année scolaire. La grande salle des réunions se transformait. On entendait le bruit des marteaux qui fixaient les planches de l'estrade ; les murs se couvraient de feuillages ; M. Langlois faisait appel à tout son entrain et à ses connaissances musicales pour assouplir les voix enfantines qui chanteraient la gloire des vainqueurs. Tout était prêt pour la solennité depuis longtemps prévue.

Monseigneur l'Evêque de Bayeux s'avançait entouré d'un cercle de notabilités ; les applaudissements l'accucillaient, et la cantate traditionnelle se faisait entendre tantôt mélodieuse, tantôt entraînante. « C'est le grand jour de la victoire, la fin des combats. Nous avons vu pleurer nos mères, mais c'était de bonheur ». L'enthousiasme lyrique dépassait les bornes de la réalité. Avec la distribution des prix revenait bien pourtant un jour de joie, joie pour les lauréats qui recevaient les couronnes conquises par de laborieux efforts, joie pour les écoliers ravis de prendre leur essor vers les flots bleus ou la fraîche verdure des bois, joie pour les parents qui écoutaient des avis dictés par l'expérience et donnés dans un aimable langage. M. Mabire profitait de l'exceptionnelle assemblée pour enseigner la science qui forme les intelligences, les volontés et les cœurs ; ses discours redisaient l'importance du travail, des études et par dessus tout de la religion. Le grave sujet de l'éducation semblait inépuisable comme la sollicitude

qui en inspirait le commentaire. Les pères et les
mères gravaient dans leur âme des conseils qui leur
traçaient nettement la voie la meilleure. Leurs fils
allaient leur être rendus pour quelques semaines ;
guides mieux éclairés, ils dirigeraient avec plus de
sagesse leurs pas à l'avenir.

***

« Nos chers enfants grandissent, et, à mesure que
nous les voyons s'avancer dans la vie, ils le savent
bien, le seul changement qui se fait en nous, c'est
que nous les aimons davantage ». En ces mots,
M. Mabire exprimait un affectueux intérêt dont les
preuves se multipliaient. La fin des études n'en mar-
quait pas le terme. Quand les élèves de la veille franchissaient le seuil du collège où ils ne pouvaient
être oubliés, ils étaient accueillis à bras ouverts.
L'avenir réservait à nombre d'entre eux des postes
élevés ; le jour où ils s'étaient éloignés était encore
trop proche pour laisser entrevoir ces succès. De
brillants débuts les annonçaient pourtant, et les anciens maîtres en remerciaient la Providence.

La joie de M. Mabire fut bien douce lorsqu'il put
confier à un ami du temps déjà lointain de Vaugirard, M. Maréchal, deux enfants de Sainte-Marie,
auxquels l'attachait une particulière affection. Ils
s'appelaient Maurice Reverony et Jules Jourdan

de la Passardière. A l'automne de l'année 1859, ils gagnèrent ensemble le séminaire d'Issy où ils continueraient à faire l'apprentissage de la piété « très simple » qui les conduirait au séminaire de Saint-Sulpice et de là au sacerdoce.

M. Reverony reçut le premier ce grand honneur. L'impression fut vive lorsque, aux premiers jours de l'année 1864, on le vit gravir les degrés de l'autel où il célébrait pour la première fois solennellement la Sainte Messe assisté du directeur de Sainte-Marie dont le regard disait l'émotion profonde.

Le spectacle fut plus touchant encore quelques mois après. Des épreuves de santé avaient imposé à M. Jourdan de la Passardière le sacrifice d'une plus longue attente. La grâce tant désirée était enfin venue, et, un jour de juin de 1865, dans la chapelle des Allemands de Saint-Sulpice, le jeune prêtre put dire sa première messe entouré des jeunes filles dont il s'était fait le catéchiste. Des compagnons de séminaire avaient voulu s'associer à son bonheur, et parmi eux se trouvait un condisciple du collège, M. Auguste de Panthou, qui, suivant la trace des aînés, avait reçu la veille l'ordre du sous-diaconat. A son retour en Normandie, M. Jourdan de la Passardière voulut encore que ce fût M. Mabire qui soutînt ses pas lorsqu'il monta au sanctuaire, et, s'unissant fraternellement dans une commune action de grâces à l'ami de sa jeunesse, M. Reverony d'une voix émue célébra la grandeur du sacerdoce. Cette fête laissa dans l'âme de ceux qui eurent la faveur d'y assister un de ces souvenirs que ne peut effacer le cours des années.

Les trois lévites de Saint-Sulpice eurent toujours dans le cœur de M. Mabire une place de prédilection. Avec fierté, il apprit l'héroïque charité avec laquelle M. Reverony se dépensait au service des cholériques de Vaucelles et de Saint-Pierre de Caen, la vaillance avec laquelle il se portait au secours des blessés sur les champs de bataille de 1870. Il fut heureux lorsque la croix de la Légion d'honneur rendit hommage à son dévouement. Lorsque le vicaire-général de Bayeux refusa la dignité épiscopale qu'une mort prématurée l'empêcha seule de recevoir plus tard, il fut le confident de l'humilité et de la piété filiale qui dictèrent sa décision.

M. Jourdan de la Passardière appelé par Léon XIII à remplir des missions délicates, reçut l'honneur que son ancien condisciple avait décliné. Le nouvel évêque accourut comme autrefois auprès de celui qui avait veillé sur ses jeunes années. N'écoutant que sa foi, le vieillard couronné de cheveux blancs s'inclina. D'un geste ému, le prélat releva son vieux maître, tant il lui semblait que les rôles étaient intervertis. N'était-ce pas toujours au fils de recevoir la bénédiction paternelle ?

La brièveté du temps ne permit à M. Mabire de

voir en M. de Panthou, devenu le Père Joseph, que
le saint religieux dans l'humilité du cloître. Il partagea les premières épreuves ; il eût souffert s'il
avait assisté au départ pour l'exil de son enfant de
de Sainte-Marie. Il eût remercié la Providence du
choix qui l'élevait à la dignité abbatiale. Et
pourtant, son bonheur n'eût pas été sans mélange.
Son regard attristé se fût porté vers les salles hospi-
talières de Mondaye, maintenant désertes. Il eût cer-
tainement ajouté une parole d'espérance, appelant
de tous ses vœux la paix religieuse qui rendra leur
place aux fils de France à l'ombre de la coupole dont
les cloches salueront la fête du retour.

.*.

Donner à l'Eglise de bons serviteurs, il ne pouvait être pour M. Mabire de meilleure consolation.
Des deuils douloureux avaient une fois de plus frappé
son cœur. Au printemps de l'année 1864, appelé
brusquement à Paris, il avait reçu le dernier soupir
de son frère aîné, le compagnon de son enfance. Le
16 avril, cruel anniversaire de la mort de sa mère,
serait à l'avenir marqué pour lui d'un double signe
funèbre.

Quelques mois plus tard, il avait suivi avec angoisse les progrès du mal qui peu à peu minait les
forces de sa plus jeune sœur. Les derniers jours de

l'année 1867 virent se consommer le dur sacrifice. Comme il comprenait les souffrances de la sœur aînée, gardienne solitaire du foyer, et avec quelle tendresse son âme se rapprochait de la sienne ! « Je me représente bien, lui disait-il, cette solitude désormais irrévocable de la maison où nous avons tous grandi et où tu demeures la dernière survivante. Que d'événements depuis le temps où nous y vivions tous, avant que la Providence vint nous jeter chacun dans notre voie. Père, mère, frère, sœur ; que de vides, que de séparations ! Nous, du moins, qui restons les derniers, tenons-nous jusqu'au dernier moment unis par l'affection et le culte des souvenirs. C'est ma pensée de tous les jours et presque de toutes les heures. J'aime à penser à tous nos chers absents, et cette chère Zénaïde y reste au premier rang ; je prie pour elle, et souvent je me prends à la prier pour moi. Pour toi, je t'aime d'une affection plus étendue ; car, mon cœur n'a pas diminué, et de vous deux, je n'ai plus que toi à aimer là-bas. Je me fais une fête de te revoir à Pâques ; j'aimerai aussi à revoir notre chère maison, et le jardin qu'elle aimait tant, et la place où nous avons reçu son dernier soupir, et celle où je la vois encore, doucement souriante dans son dernier sommeil ».

Dieu prolongerait-il le douloureux isolement ? Ne réunirait-il pas pour toujours les deux saintes âmes qui n'en faisaient qu'une sur la terre ? Quelques

jours après cette fête de Pâques, qui apparaissait
comme un rayon de soleil, le 2 mai 1868, la sœur
aînée alla rejoindre celle qu'elle pleurait. « La voilà
vide, écrivait le Père Delaporte au frère atteint dans
son affection la plus profonde, la voilà vide cette
petite maison où si longtemps vous avez trouvé, après
les fatigues d'une année d'enseignement, des soins
si tendres et des âmes si bien faites pour comprendre
la vôtre. A vrai dire, je ne suis pas étonné que les
deux sœurs n'aient pu être longtemps séparées. Déjà,
je l'espère, toutes les deux sont heureuses ; mais,
vous, à cet âge où la solitude du cœur devient plus
lourde à porter, vous voilà bien seul ». De tout un
passé mêlé de sourires et de larmes, il ne restait plus
qu'un souvenir. Le foyer où se réchauffait le courage serait éteint désormais.

*
* *

Peines et joies n'enlevaient rien à l'ardeur persé-
vérante qui portait M. Mabire vers un travail assidu.
Les charges du directeur, les méditations de l'éducateur et du professeur, les industrieux efforts mis à
simplifier la tâche de l'enfance ne suffisaient pas à
remplir une vie où les études du savant gardaient
leur place. La science à laquelle il se consacrait déjà
aux jours lointains du séjour d'Evreux, attirait
comme autrefois son intelligence. Sans se lasser, il

avait abordé les difficultés de la langue hébraïque, et il les avait vaincues à ce point qu'il avait pu entreprendre la traduction des psaumes sur le texte hébreu. Aux premiers jours de l'année 1868, le livre était terminé. Il parut avec l'approbation de Mgʳ Hugonin qui avait été promu à l'évêché de Bayeux quelques mois avant. De nombreuses et très hautes félicitations épiscopales vinrent s'ajouter à ce précieux suffrage. L'auteur s'était efforcé d'allier la fidélité de l'expression avec la forme littéraire. Des juges autorisés vantèrent l'élégance du style, la vivacité, l'énergie et le relief du texte, le souffle de poésie qui l'animait. Suivant une comparaison, le bel édifice apparaissait métamorphosé et rajeuni, dégagé des obstacles qui voilaient sa majesté.

Le mérite de l'ouvrage ne se bornait pas à offrir au public une remarquable traduction. Des considérations sur l'inspiration des livres sacrés, des recherches historiques sur l'origine des psaumes, des remarques sur la poésie des Hébreux ajoutaient à sa valeur. Des commentaires, des vues sur la méthode à suivre pour l'étude de la langue hébraïque le complétaient. Ainsi que le proclamait Mgr Hugonin, il restait comme un exemple « de la puissance du travail soutenu par la foi et par le zèle du bien ».

Quittant ces hauteurs que beaucoup auraient jugées inaccessibles, M. Mabire avait tenu à rendre un tribut d'hommages à un saint missionnaire que le diocèse de Bayeux se glorifiait de compter au nombre de ses fils. Le 25 janvier 1869, Mgr Thomine-Desmasures, vicaire apostolique au Thibet, était mort dans le domaine familial de Mouen où l'avait ramené une santé détruite par les privations et par le climat de l'Extrême-Orient. Les relations qui l'avaient rapproché du directeur de Sainte-Marie remontaient aux années lointaines du séminaire. Au déclin de la vie, l'évêque redisait à son compagnon de jeunesse cette sympathie à laquelle le temps n'avait rien enlevé. « Je n'ai pas oublié, lui écrivait-il, l'ancienne et vieille amitié qui m'unit à vous ; mon cœur ne le permettrait pas ». M. Mabire lui aussi se souvenait. Il voulut mettre en plus vif relief la figure de celui dont la piété naissante l'édifiait jadis ; il se fit son historien. Il raconta l'héroïque dévouement avec lequel, à quarante-trois ans, le chanoine de Bayeux, déjà vicaire-général, appelé sans doute à remplir de plus hautes fonctions, se fit missionnaire, n'ayant d'autre désir que de verser son sang pour Jésus-Christ. Il le montra luttant sans relâche pour étendre le règne de Dieu dans les contrées infidèles, ne reculant devant aucun danger, revendiquant les droits méconnus, n'acceptant l'épiscopat que par obéissance, pour introduire la foi chrétienne dans un pays fermé par une hostilité implacable, ne quittant son poste à bout de forces qu'avec la pensée de rendre de plus efficaces services. Dans un tableau d'ensemble, se condensait l'histoire des missions du Thibet et des provinces voisines de la Chine, histoire d'admirables efforts et de glorieux martyres. Ce petit livre fut un témoignage d'affectueux attachement ; reproduit dans la *Semaine religieuse* du diocèse, il excita la piété des lecteurs qui apprirent à mieux comprendre la force puisée à la source divine de la charité.

VIII

Les mois où parurent ces pages furent le point de départ de graves changements dans l'organisation de l'institution Sainte-Marie et dans la vie de leurs fondateurs. Très vite étaient revenues les préoccupations qui, dès le début de son épiscopat, inspiraient à Mgr Didiot la pensée de confier la direction du collège à une congrégation religieuse. Le souci n'était pas moins vif dans l'esprit de M. Mabire. Le retour de chaque année scolaire en redoublait l'intensité. Les auxiliaires des premiers jours s'étaient éloignés peu à peu, et, quelque riche que fût le diocèse de Bayeux en hommes de mérite, il était difficile de leur trouver des successeurs prêts à accepter une mission qui n'avait pas été le but de leur préparation sacerdotale. Que deviendrait d'ailleurs l'œuvre entreprise, si l'un des deux directeurs venait à manquer ? La fatigue ébranlait leurs forces ; n'était-il pas prudent d'envisager une éventualité toujours menaçante ?

Dès le mois de septembre 1860, M. Mabire attirait l'attention de Mgr Didiot sur cette situation incertaine, et il lui soumettait une combinaison dont la réalisa-

tion eût associé à son œuvre les Pères de la Miséricorde. La solution avait été ajournée.

D'autres idées avaient été suggérées. On avait émis
la pensée de demander leur concours aux Maristes. Et
toujours le projet revenait de céder aux Jésuites le collège catholique. Une proposition plus nette fut faite.
La réponse espérée ne fut pas donnée. Un jour vint
où la décision fut prise. Le Père de Pontlevoy l'annonça en exprimant son regret: « Il a été délibéré en
son lieu sur le cher projet de Sainte-Marie, et pour le
présent, on a conclu pour la négative. Il y avait
pourtant de si bonnes raisons pour, et toutefois, les
raisons adverses l'ont emporté ».

Les vues de Mg^r Didiot n'avaient pas varié ; il
encourageait les démarches tentées. « Je vous verrais
quitter Sainte-Marie avec regret, écrivait-il à M. Mabire le 2 mars 1863. Vos inquiétudes cependant me
paraissent fondées. Ce qui se base sur l'homme, sur
l'individu surtout, est essentiellement précaire, et
quoique, Dieu merci, vous soyez encore fort, j'applau-
dis à la pensée que vous avez conçue de préparer à
votre maison un avenir plus durable ».

Etait-il nécessaire de chercher au loin cette sécurité ? Les Missionnaires diocésains qui dirigeaient
avec succès le petit séminaire de Villiers, ne seraient-
ils pas en mesure de rendre les mêmes services dans

un autre établissement d'instruction? La question
fut posée. Les membres les plus influents de la
congrégation furent consultés. Au cours de l'été
de 1863, son supérieur, le Père Picot, fit savoir que
la charge ne pourrait être assumée qu'au jour où la
Providence l'aurait allégée en appelant à la porter
des collaborateurs plus nombreux.

Le problème n'était pas résolu. Le souci devenait
une épreuve ; M. Mabire l'acceptait sans murmure.
« Je me trouve habituellement calme, disait-il alors,
un peu triste, mais bien résigné à tout ce que Dieu
demandera de moi. Je ne forme plus de projets, et je
ne tiens à aucun. Je vais non pas au jour le jour,
mais à l'année l'année. Je ne serai peut-être pas bien
longtemps chargé de mon lourd fardeau. Pourquoi
m'inquiéter ? »

Trois ans après, le 15 juin 1866, Mgr Didiot mou-
rut. Au lendemain de cet évènement, M. Mabire
exprimait la peine qu'il en ressentait et les appré-
hensions qu'il lui causait : « Il faut beaucoup prier.
C'est ma pensée dominante, et je la communique à
tous ceux auxquels j'ai le droit et le devoir d'en parler. La mort de Monseigneur m'a fait une vive et
profonde impression. Il aimait la maison ; il avait
pour moi une affection et une confiance dont je dois
lui être reconnaissant. S'il eût eu plus longtemps
l'usage de ses forces physiques et morales, je ne
doute pas que je n'eusse pu préparer avec lui l'avenir

de Sainte-Marie. C'est peut-être avec son successeur qu'il me sera donné de voir le vœu de mon cœur accompli ».

Les prières furent exaucées. Lorsque le nom du nouvel évêque fut connu, il y eut une grande joie à Sainte-Marie. On se répétait que Mg^r Hugonin, profondément savant, avait conquis les grades universitaires les plus élevés et que sa vie avait été consacrée aux travaux du haut enseignement. On ajoutait qu'il était un des disciples préférés de Mg^r Dupanloup, et on connaissait les liens de cordialité qui unissaient le directeur du collège à l'illustre évêque. La maison d'éducation chrétienne trouverait, on n'en doutait pas, dans son bienveillant patronage de précieux éléments de prospérité, et sa venue serait un des événements heureux de son histoire. La visite fut annoncée au mois de mai 1867, et les préparatifs se multiplièrent pour que la réception fût digne du protecteur attendu.

Au jour solennel, les applaudissements enthousiastes accueillirent le prélat qu'on aimait à l'avance. Il fallait lui montrer que, dans ce séjour, les lettres étaient en honneur ; trois discours lui furent adressés en français, en latin et en grec. A l'aimable à-propos de la réponse, on reconnut que sa science était égale à sa bonne grâce. Tout était à l'espérance.

De fait, une des premières préoccupations de Mg^r Hugonin fut de travailler à donner une base solide

6

à l'œuvre dont l'importance était grande à ses yeux.
Par de nombreuses marques de sympathie, il redisait
aux directeurs de Sainte-Marie combien il appréciait
leur concours. Mais les craintes qu'ils exprimaient
n'étaient-elles pas fondées ? Et la pensée qui dominait déjà dans l'esprit de son prédécesseur, ne se
présentait-elle pas toujours avec toute sa force per-
suasive ? L'isolement ne restait-il pas bien dange-
reux ? N'importait-il pas de demander à l'association
ce que ne peuvent donner les efforts individuels ? De
nouveau, une proposition fut faite aux Jésuites. Les
objections étaient les mêmes ; devant un refus persistant, le projet dut être abandonné.

Lorsque, cinq ans plus tôt, les Missionnaires
diocésains pressentis avaient jugé que l'heure n'avait
pas encore sonné pour eux, le Père Picot avait tra-
duit leurs regrets et leurs désirs dans une parole de
confiance en la protection divine. L'intercession de
la Vierge de La Délivrande avait obtenu pour ses
serviteurs la grâce qu'ils sollicitaient. Des prêtres
d'élite avaient pris place dans leurs rangs ; par un
travail assidu, ils étaient devenus des maîtres dans
la science qu'ils étaient appelés à distribuer. Les obstacles étaient aplanis. Lorsque Mg^r Hugonin se
tourna vers eux, il trouva le dévouement qu'il cherchait. Il y avait à peine quelques mois qu'il gouver-
nait son diocèse, et déjà les grandes lignes de l'organisation nouvelle étaient tracées. Les Missionnaires

diocésains prendraient la direction de l'Institution
Sainte-Marie ; la maison deviendrait la propriété
d'une société nouvelle dont l'évêque resterait le chef.
On était au début de l'année 1868 ; de longs mois
s'écouleraient avant l'exécution du plan arrêté. La
décision était prise ; la consigne fut de garder le
silence.

*
* *

Semblable secret se conserve difficilement sans
qu'il s'en détache quelques parcelles. Peu à peu on
comprit qu'il se préparait un changement, et Sainte-
Marie s'enveloppa de cette atmosphère de tristesse
qui précède les adieux.

La fête des directeurs provoqua une plus élo-
quente manifestation d'affectueux attachement. A
chacun d'eux fut offert un album aux fermoirs d'ar-
gent contenant la photographie de tous ceux qui,
depuis 1850, leur étaient redevables de leur éducation. Ce dernier hommage serait un témoignage de
reconnaissance.

L'idée fut émise de rendre le collège lui-même
dépositaire d'un souvenir, trace durable d'années
qui tombaient dans le passé. Un tableau commun
réunirait les portraits des deux fondateurs de Sainte-
Marie ; ce serait une page d'histoire qui raconterait
l'origine de leur chère maison. Parmi les anciens

élèves de M. Mabire demeurés ses fidèles amis, se
trouvait un artiste de mérite. M. Timbal, après avoir
suivi les cours d'un lycée de Paris, était venu ter-
miner ses études au collège de Vaugirard. Le milieu
était tout autre, et le changement avait laissé l'écolier
un peu désemparé. Le professeur de philosophie
l'avait compris et l'avait soutenu. Une profonde gratitude avait répondu à cette intelligente sollicitude.
Au lendemain d'une épreuve, le jeune homme récla-
mait avec tendresse les encouragements de son maître : « Je suis indiscret ; mais, les enfants gâtés se
gênent-ils avec leur père ? et vous êtes le mien, mon
bon père, mon père chéri ». Près de trente ans
avaient passé, et l'affection de Vaugirard avait gardé
toute sa fraîcheur. Aux débuts avaient succédé les
succès ; Paris avait apprécié le peintre qui, dans des
fresques pleines d'idéal, avait retracé sur les murs de
Saint-Sulpice l'histoire de sainte Geneviève, et qui,
par une saisissante allégorie, aujourd'hui conservée
au musée du Louvre, avait transporté du domaine de
la fable sur la toile l'image de l'inspiration poétique.
Cœur et talent étaient réunis. Où chercher un meil-
leur interprète des sentiments qu'on voulait expri-
mer ? L'artiste mit ses pinceaux au service d'une
touchante pensée, et bientôt apparut l'œuvre qui
perpétuerait la mémoire de ceux dont elle reprodui-
sait les traits. M. Mabire assis, montrant du doigt le
plan déroulé sur ses genoux, semblait plongé dans

les réflexions que lui suggérait l'élévation de son âme ; le regard attentif de M. Langlois, debout et légèrement penché, traduisait sa paisible confiance dans l'avenir. Monument légué aux générations qui viendraient à leur suite, le tableau fut salué avec joie par les anciens de Sainte-Marie.

L'heure de la dispersion approchait. Lorsque les derniers jours de juillet 1869 ramenèrent la solennité de la distribution des prix, la fête fut plus impressionnante que de coutume. Une fois de plus, M. Mabire rappela les principes qui doivent diriger l'éducation contemporaine, et lorsque, en terminant, il s'inc'ina devant l'autorité de l'Eglise dont la parole inspirée allait se faire entendre au Concile du Vatican, de longs applaudissements lui montrèrent que les cœurs battaient à l'unisson du sien. Ils se transformèrent en acclamations enthousiastes quand Mg^r Hugonin annonça que, pour lui donner un signe de particulière confiance, il conférait au directeur de Sainte-Marie la dignité de vicaire-général honoraire.

*
* *

Un mois après, M. Langlois se dirigeait humblement vers le monastère de Mondaye. Longtemps, il avait gardé dans le secret de son âme la résolution qui allait achever son œuvre de détachement. A

quarante-cinq ans, après avoir quotidiennement reçu
les marques de déférence qui s'adressent à l'autorité,
il allait se placer modestement à la suite des novices
de l'ordre de Prémontré. Il fallut parler. Lorsque
M. Mabire eut reçu la confidence inattendue, les paroles ne purent traduire l'émotion qui l'étreignait.
Pour toute réponse, il attira son collaborateur sur
son cœur d'un geste qui disait son admiration.

Le 8 septembre, en la fête de la Vierge patronne
de la maison où ils avaient appris à s'aimer, deux
prêtres s'agenouillaient pour recevoir l'habit religieux. Le maître et l'élève, M. Langlois et M. de
Panthou s'unissaient dans un même sacrifice ; le
Père Henri et le Père Joseph seraient frères désormais.

La cérémonie de l'église de Mondaye fut touchante. M. Mabire en avait accepté la présidence
comme un grand honneur. Il lui fallait quitter celui
qui avait fait avec lui une route déjà longue ; d'une
voix émue, il lui adressa ses paroles d'adieu :
« En me séparant de vous aujourd'hui, qu'il me soit
permis de le dire devant tous ceux qui vous entourent, j'envie votre bonheur. Vous aurez ici la paix, le
repos du cœur, l'aliment pur et abondant de la maison de Dieu, le mérite de chaque jour, la perspective
d'une vie toute de grâce et de sainteté. Jouissez de
ce bonheur que Dieu vous accorde et qu'il m'eût été
doux de partager avec vous, si telle eût été sa vo-

lonté. Lorsqu'il y a dix-neuf ans, nous prîmes ensemble le lourd fardeau que nous imposait la Providence, j'avais lieu de penser que je vous laisserais
après moi chargé de le porter encore. Dieu en a dis-
posé autrement. Que son saint nom soit béni ! Vous
avez choisi la meilleure part ; quelle vous soit douce
et méritoire ! »

Le soir venu, le Père Henri gagnait son étroite
cellule. M. Mabire allait reprendre pour quelques
mois un poste dont il n'était pas encore relevé.

Dès le mois de juillet, Mgr Hugonin lui avait ex-
primé son désir : « Je vous prierais, avait-il écrit, de
conserver le titre de supérieur de la maison, de faire
la rentrée et de donner la première impulsion. On
m'a dit que vous désiriez faire un voyage à Rome et
y passer une partie de l'hiver ; vous pourriez faire ce
voyage, tout en gardant votre titre. Le directeur vous
remplacerait pendant votre absence. Il est bien pro-
bable que, dans le cours de l'année, j'aurai une
stalle vacante au Chapitre. Je n'aurais pas ainsi l'humiliation de vous voir sans position dans le diocèse ». Reconnaissant des preuves de bienveillance
que lui donnait son évêque, M. Mabire s'était empressé d'y répondre par une entière soumission.

Lorsque les vacances furent terminées, il accueillit
comme autrefois ceux qui, à sa suite, avaient repris
leur place à Sainte-Marie. En réalité, la direction
passait en d'autres mains. Plusieurs professeurs ap-

partenaient à la congrégation des Missionnaires diocésains, et parmi eux avait été choisi l'auxiliaire désigné pour suppléer le supérieur pendant son absence, pour lui succéder après sa retraite définitive. Le Père Gautier avait la science étendue que l'on demande à ceux qui ont la charge de distribuer l'enseignement ; il avait les qualités de fermeté prudente nécessaires pour remplir une délicate mission. Mais, comment éviter l'impression inévitable que cause le changement ? Le sentiment parfois parlait plus haut que la raison. N'était-ce pas enlever aux anciens maîtres une part de ce qui leur était dû que de se livrer sans réserve aux nouveaux venus ? N'importait-il pas de montrer que l'attachement d'hier était toujours le même ? Au retour d'un court voyage, M. Mabire fut reçu par de chaleureux applaudissements. Ce qui pouvait ressembler à un manque d'égards envers ceux qui se donnaient à son œuvre, lui apparaissait comme une épreuve. « Cette pensée, avait-il dit, serait pour moi un véritable supplice ; j'ai la confiance qu'il ne me sera pas infligé ». D'un geste, il imposa silence. La meilleure manière de répondre à la sollicitude paternelle qu'on voulait reconnaître, était de confondre dans une même affection les maîtres d'aujourd'hui et les maîtres de la veille. On le comprit alors. Le tact et le dévouement achevèrent la conquête des cœurs qui se livrèrent sans retour.

Le jour solennel de l'ouverture du Concile approchait. De tous les points du monde, les évêques se
rendaient à l'appel de Pie IX. C'était la date fixée
pour le voyage qui devait, pendant quelques mois,
retenir au loin M. Mabire. S'embarquant à Marseille,
il gagna Civita-Vecchia. Aux premiers jours de décembre, son arrivée à Rome faisait revivre la grande
joie dont son âme avait gardé la trace ineffaçable.
La fatigue avait un instant ébranlé sa santé. L'è-
preuve avait été de courte durée ; maintenant,
vraiment heureux, il jouissait pleinement d'un séjour incomparable. Une fois encore il pouvait sa-
luer la papauté dans toute sa majesté. Aux fêtes religieuses, se joignaient les hommages qui s'élevaient
de toutes parts vers la royauté pontificale. Autour du
Vatican, vers lequel se tournaient les regards anxieux,
régnait une atmosphère de souveraine grandeur. Et
de tous côtés, que de souvenirs du passé ! Les jours
étaient trop courts pour mettre à profit tant de richesses. Que d'impressions à partager !

M. Mabire était accueilli à Rome par des amis très
chers. Dans un cercle d'une étroite intimité, il retrouvait, autour de l'aimable peintre du tableau de
Sainte-Marie, des intelligences d'élite chez lesquelles
une foi vive s'alliait à un goût artistique et littéraire
très pur. Souvent il rencontrait Mg^r Hugonin tou-
jours bienveillant et aussi son ancien élève tendre-

ment aimé, M. Reverony, devenu secrétaire d'un évêque missionnaire normand, Mgr Verrolles. Les portes de l'ambassade de France lui étaient gracieusement ouvertes; d'anciennes relations l'avaient rapproché du Marquis de Banneville, dont les cordiales réceptions donnaient un charme de plus aux semaines qui passaient rapides.

Un jour vint où une distinction inattendue surprit M. Mabire. Le professeur de philosophie était appelé à faire partie de l'Académie de religion catholique de Rome. Ses amis auraient voulu le voir revêtu d'une plus haute dignité. Inaccessible à toute pensée de vanité et d'ambition, le prêtre modeste reçut avec reconnaissance un honneur où il trouvait une preuve de sympathie chère à son cœur.

*
* *

L'hiver avait pris fin. Les graves délibérations qui se prolongeaient retenaient les évêques à leur poste. Mais déjà de nombreux Français avaient donné le signal du départ. Peu à peu, M. Mabire avait vu s'éclaircir les rangs de ceux qu'il avait l'agréable habitude de fréquenter. Il dut songer au retour. De jeunes compagnons de voyage l'avaient rejoint. Ce fut pour lui l'occasion de parcourir une dernière fois, tout en instruisant, les lieux où l'attirait un intérêt qui ne pouvait se lasser.

Dépassant les murs de la ville, il traversa la campagne romaine ; il admira la grandeur mélancolique
de ses horizons, et, s'élevant sur les contre-forts de
l'Apennin, il put contempler dans tout son éclat la
nature italienne. A Tivoli, à Palestrina, à Subiaco,
elle se présentait à lui avec son charme idéal.

Il fallut enfin s'arracher aux puissants attraits de
la Rome catholique. Le pèlerinage d'Assise évoqua
dans sa pieuse imagination la poétique et mystique
figure de Saint François. Il visita Florence et ses
merveilles artistiques, Venise et ses palais baignés
par les eaux ; puis, traversant les hautes montagnes
qui lui découvrirent un instant les beautés de la
Suisse, il se dirigea vers le Nord.

Avec l'Alsace, il retrouvait la France. Son dessein
était de rapprocher dans ses religieuses impressions
les splendeurs des basiliques italiennes et la paisible
majesté des églises gothiques. Dans les antiques
cathédrales de Strasbourg, d'Amiens, de Rouen, il
comprit mieux que jamais le langage saisissant de
l'ombre mystérieuse qui invite au recueillement et à
la prière. La dernière étape lui était particulièrement
douce puisqu'elle le ramenait en Normandie.

Malgré la longue absence, son cher collège n'avait
pu l'oublier. Bien souvent, le Père Gautier, par une
attention délicate, avait donné lecture des lettres qui
avaient apporté, avec le souvenir du vieux maître, de

captivantes descriptions. La nouvelle du retour fut reçue comme l'annonce d'une fête. Le bonheur du supérieur fut sans mélange quand il put constater de ses yeux que son attente n'avait pas été trompée et qu'un ordre parfait, indice d'une réciproque confiance, régnait à Sainte-Marie. Il savait avec quelle sollicitude Mgr Hugonin, malgré son éloignement, veillait sur son diocèse ; il s'empressa de l'associer à sa reconnaissance envers la Providence. De Rome, le vénéré prélat lui disait tout le plaisir qu'il éprouvait à voir ses espérances ainsi affermies : « Dieu ne pouvait que bénir tant de sacrifices, de dévouement et de pureté d'intention qui ont concouru à fonder Sainte-Marie. C'est une œuvre de votre vie qui durera ».

L'été de 1870 semblait apporter, avec le calme, la sécurité de l'avenir. Après de longs débats où s'engageaient de hautes responsabilités dont le fardeau avait été parfois douloureux, les évêques allaient rentrer dans leurs diocèses unis dans une commune soumission au Pape infaillible. Tout-à-coup, une nouvelle d'une exceptionnelle gravité se répandit : la France, provoquée par la Prusse, venait de lui déclarer la guerre. La confiance était grande ; les drapeaux de Sébastopol et de Magenta pouvaient-ils connaître l'humiliation de la défaite ? Et pourtant, les esprits sages s'alarmaient ; que d'angoisses cer-

taines ! que de sacrifices à redouter ! Les bruits du
dehors franchissaient les murs du collège ; les jeunes
têtes s'enflammaient. M. Mabire avait repris ses entretiens. Dans ses exhortations, il entretenait l'amour
de la France, faisant comprendre que le vrai patrio-
tisme ne consiste pas en vaines et bruyantes démons-
trations.

Au milieu de ces impressions, l'année scolaire
s'acheva. La distribution des récompenses, fixée au
1er août, n'eut pas sa solennité accoutumée. A la
première page du palmarès, une note laconique en
disait la cause : « Les élèves de l'Institution Sainte-
Marie ont demandé à leurs supérieurs que la somme
destinée à l'achat de leurs prix fût consacrée au sou-
lagement de nos braves soldats malades ou blessés,
qui vont soutenir sur le champ de bataille l'honneur
et les intérêts de la France. Nous nous sommes em-
pressés d'accueillir leur demande ». La séance ne
pouvait ressembler à une fête à l'instant même où les
premiers coups de canon allaient retentir à la fron-
tière. Elle n'avait pas pour rehausser son éclat la
présence habituelle de l'évêque du diocèse. Mgr Hugonin, à peine de retour en France, prenait en Dauphiné quelques jours d'un repos nécessaire ; il s'était
fait représenter par M. Dubosq, son vicaire-général.
M Mabire prit cependant une fois encore la parole.
Il montra dans la liberté une arme puissante, émi-
nemment efficace, ou souverainement dangereuse,

suivant la direction qu'elle reçoit. Il insista sur la nécessité d'en fixer l'emploi par l'éducation. Ses derniers mots furent l'expression d'un vœu suprême : « Que le souvenir de Sainte-Marie vous soit toujours un appui et une lumière ! » C'était bien un adieu ; il remettait en d'autres mains le précieux dépôt sur lequel il avait veillé pendant dix-neuf ans, triste de la séparation, rassuré toutefois par une collaboration dont il avait compris le mérite.

IX

Une semaine ne s'était pas écoulée, et déjà les premiers revers livraient la France à l'invasion. La consternation fut profonde ; elle devint une sorte de stupeur lorsque le désastre de Sedan eut détruit toute illusion.

Les plus dures épreuves ne peuvent cependant suspendre le cours de la vie. M. Mabire avait dû choisir le lieu où s'écouleraient ses dernières années. Le désir de son évêque lui était connu. La Providence n'avait-elle pas d'ailleurs elle-même fait connaître ses desseins ? Par une coïncidence qui paraissait l'expression de la volonté divine, le frère près duquel il avait dû trop tôt remplir une mission paternelle, avait été appelé à remplir à Bayeux ses fonctions administratives à la veille de la funeste déclaration de guerre. Il ne pouvait hésiter. Il fixa sa résidence à l'ombre des tours de la Cathédrale du diocèse. Entouré des siens, il échappait aux tristesses de l'isolement qu'il eût redouté comme un malheur.

Mais, que de douleurs se succédaient ! Pendant les longs soirs d'hiver, alors que la bise glaciale soufflait au-dehors, la famille groupée autour du foyer songeait à ceux qui souffraient au loin. Les nouvelles étaient anxieusement attendues ; trompeuses parfois, désastreuses trop souvent, elles ruinaient peu à peu l'espérance.

M. Mabire cherchait dans le travail une diversion qui ne pouvait enlever aux deuils leur amertume. Il lui semblait même que son affectueux dévouement pouvait encore mettre à profit l'expérience de l'éducation qu'il avait acquise ; il voulait alors oublier que l'heure du repos était venue pour lui. Le plus jeune de ses neveux, arrivé à ce degré des études où commençait la rhétorique, avait le doux privilège de recevoir ses dernières leçons.

Ainsi passaient des jours assombris par les malheurs de la France. Comment ne pas se reporter avec douleur à de récents souvenirs ? La flèche de Strasbourg tant admirée naguère ne dominait plus une terre française. Les vivats populaires qui acclamaient le Pape-roi et dont l'écho était à peine éteint, ne retentissaient plus sur les places de Rome. Ces rapprochements rendaient plus cruel encore le sacrifice.

*
* *

Aux jours dramatiques de la guerre et de la commune avait succédé une période de recueillement. L'avenir était pourtant plein d'incertitudes. Quelles

seraient les destinées de la France? Les combinai-
sons politiques lui rendraient-elles le pouvoir répa-
rateur qui guérirait ses blessures? Le problème se
posait dans toute sa poignante gravité ; les efforts se
multipliaient pour en préparer la solution. M. Mabire
ne pouvait échapper à l'anxiété patriotique qu'ils
provoquaient. Cependant, il éprouvait la sensation
d'apaisement qui suit les grandes crises. Au cours de
l'été, il demanda une dernière fois un reflet du passé
à la maison paternelle dont les portes ne s'ouvriraient
plus pour le recevoir. En la fête de la Nativité de la
Sainte Vierge, il retrouvait dans toute leur fraîcheur
les impressions de l'enfance. L'automne vint. Aux
pieds de la vieille statue miraculeuse, il offrit son
travail à Notre-Dame de la Délivrande. De retour à
Bayeux, il reprit la vie régulière, celle que ses notes
appellent « la bonne, l'excellente vie ».

Sa pensée se reportait sans cesse vers sa maison
de Sainte-Marie. Il voulut par son premier ouvrage
montrer qu'elle gardait toujours la même place dans
son cœur. Il assembla les feuilles éparses des discours
prononcés devant le sympathique auditoire qu'il
aimait à entretenir chaque année, développement des
idées émises à l'époque lointaine de la fondation du
collège. En donnant ces conseils, inspirés par des
circonstances variables, il n'avait pas le dessein de
composer un traité d'éducation. « Ce qu'il faut,
disait-il, c'est bien plus l'action que la parole, le dé-

vouement que la discussion ». Son désir était, avant tout, de transmettre comme un souvenir l'écho des accents d'autrefois. Le mérite du livre dépassait le but qu'il s'était proposé. Les préceptes du **maître**, dictés par la méditation et par l'expérience, **gardent** une valeur que le temps n'use pas.

La conscience de M. Mabire mettait au premier rang de ses préoccupations la ponctuelle fidélité à la mission imposée par ses fonctions. Vicaire général, il faisait entendre dans le conseil épiscopal une voix autorisée ; il mettait sa science à contribution pour préparer les programmes des conférences ecclésiastiques ; sa longue pratique de l'enseignement rendait son concours particulièrement utile aux jours d'examen des jeunes prêtres.

La dignité annoncée dès l'année 1869 lui avait été conférée. Le 14 février 1872, il fut nommé chanoine titulaire de la Cathédrale de Bayeux. Par une singulière coïncidence, le ministre dont la signature ratifiait le choix de l'autorité religieuse était le philosophe qui, trente ans auparavant, s'était ému des représentations courageuses du professeur de Vaugirard. Bientôt, le nouveau chanoine fut honoré d'un titre qui lui donnait dans le chapitre un rang de préséance. Ni les dignités, ni l'âge qui avançait ne diminuaient sa profonde déférence envers son évêque. Respectueux de la hiérarchie de l'Eglise, jamais il n'eût été tenté de discuter, dans la moindre mesure, les actes

du premier pasteur du diocèse. Suivant l'expression
de Mgr Hugonin, c'était « avec la simplicité d'un
enfant » que, malgré son expérience, il venait lui
exposer ses doutes et lui soumettre ses difficultés. Il
eût redouté pour lui-même des hommages qui lui
semblaient réservés à la plus haute autorité, rappelant toujours par son exemple qu'un des premiers
devoirs du prêtre est la soumission à son évêque.

Au lendemain de désastres qui faisaient naître de
graves pensées, les pouvoirs publics ne jugeaient
pas qu'il fût à propos de bannir la religion des institutions de la France. Ils étaient persuadés de l'im-
puissance d'une éducation populaire que n'éclaire
pas l'idée de Dieu et des devoirs qu'il prescrit. Le
département du Calvados eut alors à sa tête un homme
de bien qui voyait dans les fonctions préfectorales
beaucoup moins un rôle politique à remplir qu'une
mission moralisatrice à poursuivre. M. Ferrand, pour
mieux accomplir sa tâche, cherchait à s'assurer des
concours efficaces. La réputation de M. Mabire était
venue jusqu'à lui ; souvent il provoqua ses conseils.
Les délégations cantonales veillaient sur l'enseignement ; le clergé y avait sa place marquée. L'ancien
directeur de Sainte-Marie fut appelé à faire partie du
groupe organisé à Bayeux, et il en reçut la présidence.
Le titre qui lui était ainsi confié ne lui apparaissait
pas simplement comme un honneur ; les services
que pouvait rendre son expérience n'étaient pas

épuisés. Quelque limitée que fût son action, il ne voulut rien négliger pour la rendre fructueuse ; il n'était pas à ses yeux de terrain assez étroit pour justifier l'indifférence. Il s'agissait de sauvegarder les jeunes âmes, et pour remplir sa mission, il retrouvait le dévouement qui l'avait soutenu dans les grandes œuvres de sa vie. Une éducation sans croyances et sans morale religieuse lui semblait un édifice sans base. Dans les séances où il était appelé à exposer sa pensée, il le proclamait, insistant sur le rôle indispensable du prêtre dans l'enseignement populaire. Le respect était, il le répétait, le fondement de l'ordre social, et la contrainte ne pouvait l'inspirer ; elle le remplaçait mal par un servilisme intéressé qui, suivant son expression, n'était que « l'hypocrisie du respect ». Ces principes, il les développait ; dans la surveillance des écoles, il s'appliquait à les transformer en règle pratique. Jusqu'à la fin, il restait fidèle à sa vocation. Il s'efforçait de montrer à l'enfance la voie tracée par la Providence ; il voulait ainsi contribuer dans la mesure de ses forces à préparer les générations nouvelles qui aideraient la France à se relever.

Bientôt, il reçut un nouveau témoignage d'estime. Sur la proposition des autorités locales, le ministre de l'Instruction publique le désignait pour faire partie du comité qu'il venait de constituer pour l'inspection et l'achat des livres de la bibliothèque publique de

Bayeux. Là encore il entendait soutenir les droits de
la morale, et ses conseils étaient écoutés parce qu'il
apportait dans les délibérations une science et une
compétence devant lesquelles ses collègues aimaient
à s'incliner.

La marche des événements vint, peu d'années
après, restreindre l'étendue de son humble mission.
En tête du programme du pouvoir nouveau figurait
la transformation de l'enseignement ; derrière la
neutralité revendiquée se dissimulait une hostilité à
peine déguisée. Le prêtre devait être banni de l'école.
Ces théories étaient la négation même des doctrines
dont M. Mabire s'était fait le défenseur. L'exclusion
voulue ne pouvait manquer de l'atteindre. Par une
décision administrative il fut écarté de l'école publique. On estimait alors que la science et l'expérience
pouvaient être avantageusement remplacées par la
passion politique.

*
* *

La mobilité des institutions ne pouvait enlever un
autre champ d'influence à sa sollicitude sacerdotale.

Enfant, tout auprès de la maison paternelle, il avait
souvent suivi le chemin creux ombragé de châtai-
gniers qui conduisait à l'humble moulin dont les
roues tournaient sous l'action des eaux limpides de
la rivière de Blon. Puis, il avait vu l'industrie trans-

former le site à demi sauvage et l'usine somptueuse remplacer le petit édifice détruit. Les revers avaient imposé leur loi ; et le silence avait repris possession de la manufacture déserte. Elle allait disparaître livrée aux démolisseurs ; la charité y avait ramené la vie. L'abbé de Saint-Manvieu avait fait des constructions abandonnées l'asile de ses orphelines, jetant ainsi la semence d'où sortirait la belle œuvre de Blon. Cédant à l'appel de Dieu dont un saint et austère missionnaire, le Père Madelaine, s'était fait l'interprète, une femme de haute naissance, renonçant aux avantages du monde, Madame de Saint-Léonard, avait choisi ce lieu désormais privilégié pour y fonder une congrégation nouvelle vouée au service de l'enfance.

D'année en année, M. Mabire avait suivi ces vicissitudes et ces transformations avec l'intérêt qui s'attache aux objets familiers. C'est avec bonheur qu'il avait vu cette région vers laquelle s'étaient dirigés ses premiers pas, sanctifiée par le sacrifice et le dévouement religieux. Témoin des efforts des fondateurs de Blon, il s'était réjoui lorsque les bénédictions divines avaient assuré le succès de leur noble entreprise. Bien souvent, lorsque les mois d'été ramenaient le temps du repos, il reprenait le chemin des Monts de Vire, s'arrêtant à l'étroite vallée du fond de laquelle s'élevaient d'incessantes prières vers le Saint Cœur de Marie. Rappelé par les devoirs de sa charge,

il s'en éloignait à regret. Alors encore, il savait que,
dans le pieux monastère, il n'était pas oublié, qu'à
maintes reprises son nom y était répété devant Dieu.
Il ne séparait pas dans son cœur le sanctuaire dont
les tourelles se dressaient maintenant vers le ciel, de
ce qui lui était le plus cher ; car, il entendait redire
que ses sœurs, objet de sa pensée constante, venaient
souvent y chercher la consolation, et il avait appris
que l'une d'elles avait tenu à s'unir par une affiliation
plus étroite à la congrégation vers laquelle l'attirait
sa piété.

Les deuils de Blon avaient succédé aux deuils de
famille. Le 20 février 1871, la mort avait frappé
Madame de Saint-Léonard. Le Père Madelaine lui
survivait pour veiller encore quelques jours sur le
précieux dépôt qu'elle lui laissait. Mais, les forces
du saint religieux déclinaient à leur tour. Il le comprenait et il se tournait avec confiance vers le prêtre
dont il connaissait l'inébranlable attachement. « Ma
santé ne s'améliore pas, lui écrivait-il. Ma main me
refuse le service pour écrire. Priez souvent pour moi.
Je ne sais si j'aurai le temps de vous dire tout ce que
j'emporterai de sentiments d'estime, d'affection et de
gratitude pour vous. Je vous lègue Blon. Aimez-le
toujours. » Ces mots étaient comme l'expression
d'une dernière volonté. Dieu ne voulut pas prolon-
ger la séparation des deux âmes qui s'étaient rappro-
chées pour le servir. Le 26 septembre 1873, le fidèle

coopérateur de Madame de Saint-Léonard fut appelé
à la rejoindre dans l'éternité.

Aucune voix n'avait plus d'autorité pour rappeler
ses mérites que celle du confident de ses désirs su-
prêmes. Au jour des obsèques, M. Mabire se fit l'interprète des sentiments de tous en rendant hommage
à son énergique vertu et en implorant pour le bon
serviteur la miséricorde divine. Au lendemain de la
cérémonie funèbre, c'est à lui que revint la mission
de suppléer auprès des religieuses de Blon celui qui
n'avait cessé d'être pour elles pendant trente années
un conseiller et un père. En nommant M. Mabire
supérieur de leur communauté, Mgr Hugonin répondait au vœu du mourant.

A l'entrée du monastère, le nouveau supérieur
était accueilli par l'un de ses auxiliaires les plus dévoués des premiers temps de Sainte-Marie. Depuis
quinze ans, M. Auvray s'était consacré sans réserve
à l'œuvre de Blon. Sa joie fut grande de retrouver
celui qu'il n'avait pu quitter sans une peine profonde.
L'image d'un passé très cher revenait au cœur
des deux prêtres, lorsqu'ils s'avançaient sous les
beaux ombrages du parc, unissant leurs communes
aspirations.

La sollicitude de M. Mabire eut bientôt un double
objet. En venant au monastère des Bénédictines de
Caen auprès desquelles il était appelé à remplir la
même mission, il put croire qu'il s'éloignait à peine

de sa chère communauté de Blon. Au-dessus des deux saintes maisons planait comme un patronage la mémoire du vaillant évêque dont il avait dépeint les courageuses entreprises. Peu d'années s'étaient écoulées depuis le jour où Mgr Thomine-Desmasures était accouru à Blon pour recevoir le dernier soupir d'une sœur très aimée, et maintenant, c'était une nièce, objet de son tendre attachement, qui priait sur sa tombe creusée sous les dalles de la chapelle des Bénédictines. Les affections et confiance se confondaient dans un même souvenir.

Le supérieur accomplissait un devoir très doux lorsqu'il veillait sur les deux asiles vers lesquels allait sa pensée de chaque jour. Dans sa direction, il mettait toute sa piété, il apportait toute sa sagesse. Il écoutait les confidences ; il conseillait ; il soutenait. Lorsque pour les congrégations religieuses les nuages apparurent, il partagea les inquiétudes en gardant l'espérance. Quand l'hostilité prit la forme d'une guerre fiscale mesquine, se défiant de son inexpérience des chiffres, il s'entoura de conseils pratiques, et sut atténuer un péril qui grandissait. La défense de ses communautés devint sa préoccupation première.

De retour dans sa chambre de travail, c'est encore à elles qu'il donnait la meilleure part de son temps. Les religieuses de Blon voulaient préserver de l'oubli la mémoire de la fondatrice qu'elles pleuraient comme

une mère. Son souvenir n'était-il pas un précieux
patrimoine qu'il convenait de garder et de transmettre ? Et quel autre pouvait mieux retracer la vie de
Madame de Saint-Léonard que l'ami fidèle de son
institut ? Après plusieurs mois de labeur, le livre
parut, récit des sacrifices et des contradictions, recueil des pensées et des aspirations saintes, histoire
de deux grandes âmes s'élevant vers le ciel, tableau
d'une œuvre aux débuts modestes s'étendant avec la
grâce de Dieu. Semblable sujet pouvait-il s'épuiser
quand il y avait à redire tant de vertus et de dévoue-
ments ?

*
* *

Les occupations du supérieur, les travaux de l'historien ne pouvaient suffire à remplir une existence
qui n'avait jamais connu l'inaction. Les études profondes exerçaient toujours un irrésistible attrait sur
une intelligence avide d'étendre ses conquêtes.
M. Mabire se plaisait à rapprocher les langues étran-
gères pour mieux scruter leurs secrets. De préfé-
rence, il allait aux idiomes qui s'écartaient davantage
du langage maternel, cherchant dans la comparaison
de plus instructives conclusions. Une circonstance
imprévue lui apporta un concours inattendu. Au
cours de l'été de l'année 1878, le premier vicaire-
général de Bayeux, prêtre d'une haute valeur, admi-

nistrateur de jugement très droit et de grande expérience, M. Ducellier, fut appelé à l'évêché de Bayonne. Le 10 octobre eut lieu la cérémonie du sacre. Des Pyrénées, plusieurs dignitaires du clergé avaient tenu à venir prendre place dans la Cathédrale aux côtés du nouveau pasteur de leur diocèse. Les chanoines de Bayonne reçurent de leurs confrères de Bayeux un cordial accueil. Il se trouva que l'hôte de M. Mabire avait une connaissance approfondie de la langue basque et qu'il en avait fait l'objet de ses études incessantes. Les conversations s'engagèrent entre les deux savants, et lorsque la distance les eut séparés, une correspondance suivie les prolongea. Du pays basque, les renseignements venaient puisés à une source très sûre; les obscurités se dissipaient, et bientôt les pages qui gardaient le dépôt de la langue antique eurent un lecteur de plus capable d'en apprécier les ressources.

La piété du prêtre ne pouvait se contenter des satisfactions d'une curiosité scientifique. Il voulait se servir pour la gloire de Dieu des dons reçus de sa munificence. Il avait trouvé une douce jouissance à lire un petit livre allemand inspiré par la foi catholique. Le chanoine Lennig, vicaire-général de Mayence, avait commenté dans de simples allocutions les prières par excellence du chrétien, le *Pater* et l'*Ave*. Plusieurs fois sa parole avait été entendue avec fruit dans les églises d'Alsace. Il avait

jugé qu'il pouvait faire un plus grand bien aux
âmes en la fixant par écrit. Après sa mort, un neveu,
son héritier au chapitre de Mayence, l'avait fidèlement recueillie et offerte à l'édification des catholiques
allemands. Le chanoine de Bayeux pensa qu'il pouvait être utile aux fidèles de France en la transfor-
mant en aliment pour leurs pieuses réflexions. Dans
une langue limpide où ne se trahissait pas l'effort
du traducteur, il leur permit de goûter ces méditations où la doctrine et l'onction s'unissaient pour
éclairer les intelligences et faire grandir l'amour de
Dieu.

X

Les études littéraires attiraient l'humaniste ; il voulut s'en écarter afin de puiser à la source pure de l'enseignement de Jésus-Christ les éléments de ses derniers travaux. Il demanda aux Evangiles et à l'Ecriture sainte la lumière des leçons divines. Il se fit le narrateur de la vie de saint Paul, il traduisit ses Epîtres, il exposa sa théologie. Les pages se succédaient, témoignage de l'ardeur de sa foi sacerdotale. Le temps ne lui fut pas donné d'achever le monument qu'il voulait élever à la gloire du christianisme naissant.

Un premier avertissement vint lui redire que les années s'accumulaient sur sa tête. Vers la fin de 1880, il s'était rendu avec sa régularité habituelle à l'office capitulaire. Tout-à-coup, on le vit chanceler ; on s'empressa autour de lui ; en hâte, il fut ramené à sa demeure. Il sembla tout d'abord qu'une syncope passagère ne laisserait pas de traces. Progressivement la paralysie s'accentua. L'épreuve fut grave ; elle fut longue. La Providence pourtant ne jugeait pas l'heure venue. Entouré de soins assidus où son cœur retrouvait un écho du tendre dévouement des

sœurs disparues, le malade se remit. La lucidité de
sa belle intelligence était intacte ; les forces physiques trahissaient son énergie.

La vieillesse ne pouvait cependant justifier à ses
yeux l'oisiveté. Jusqu'au dernier jour, on l'entendit
redouter comme un mal la perte des heures. Combien seraient profitables, répétait-il, si on savait les
utiliser, ces parcelles de temps que leur brièveté
même engage à négliger, ces « rognures de temps »,
pour employer son expression, qui rassemblées re-
présentent de longues journées !

Le déclin de sa santé lui interdisait de gagner
comme autrefois la Cathédrale où il avait coutume
de célébrer la messe. Une autorisation bienveillante
lui avait permis de dresser en sa maison un modeste
autel ; il y trouvait sa consolation de chaque jour.
L'été venu, il demandait à la campagne son air vivifiant, et là encore, la petite chapelle lui épargnait
une privation que, dans la vivacité de sa foi, il eût
trouvée très amère. Il aimait ce paisible séjour de
Saint-Vaast, dont le calme favorisait l'étude. Sans
doute, il n'y entendait pas le langage que tenaient à
son cœur les côteaux du Bocage ; mais il savait que,
dans son entourage, on y sentait revivre les souvenirs d'enfance qui, pour lui, étaient ailleurs ; et il
faisait sa joie du bonheur d'autrui. De longues
heures, à la fenêtre de sa chambre étroite, ne dé-
tournant les yeux que pour les reposer sur les replis

du frais vallon, il priait, il méditait, il travaillait.
Lorsque l'hiver s'annonçait de nouveau, il venait
reprendre sa place auprès de la belle cathédrale, ne
s'en éloignant dans un dernier effort que pour
apporter à ses chères communautés ses conseils et
ses encouragements.

*
* *

L'été de 1884 était arrivé à son terme sans que
rien ne fût venu troubler le cours régulier de ses
jours. De nouveau la mauvaise saison approchait.
Avant que le froid ne lui eût interdit un déplacement
devenu pénible, le supérieur voulut remplir une fois
encore les devoirs de sa charge. Il fit sa visite attendue au monastère des Bénédictines de Caen. Heureux, il venait à la pieuse maison où il se savait entouré d'affection et où le recevait avec un respect
filial M. Delaville, délicat interprète des sentiments
de profond attachement que la collaboration de
Sainte-Marie avait fait naître dans son cœur. Sa mission accomplie, il se disposait à entreprendre le court
voyage qui devait le ramener à Bayeux. L'obscurité
de la nuit l'enveloppait déjà ; il tomba. L'ébranlement causé par la chute fut violent. Il parut toutefois qu'une blessure légère serait sans conséquence ;
et une dernière fois, le vieillard put jouir dans la
solitude de Saint-Vaast des pâles rayons de l'automne.

De retour à Bayeux, il entrait dans le mois où il eût accompli sa quatre-vingtième année, et rien ne faisait pressentir un péril imminent. Au matin du 5 décembre, comme chaque jour, il s'absorbait pieusement dans la prière au pied de l'autel avant d'en gravir les degrés. Son regard se voila ; il s'évanouit. On accourut. Rapidement les onctions saintes lui furent données. Quelques instants s'étaient à peine écoulés ; il remettait son âme à Dieu. « La mort d'un prêtre est comme sa dernière messe », écrivait au lendemain de ce jour Mgr Hugonin. Dans un sacrifice suprême, le bon serviteur avait donné sa vie.

Quatre jours après, le vénéré prélat, malgré la tempête qui ajoutait ses accents lugubres à la tristesse de la cérémonie funèbre, accompagnait jusqu'à sa dernière demeure l'auxiliaire auquel il voulait rendre un hommage de particulière estime. Et, sur la tombe ouverte, le doyen du Chapitre implorait la miséricorde divine avec une émotion filiale en priant pour le maître de son enfance qui restait pour lui un père très aimé.

Le collège de Sainte-Marie gardait fidèlement la mémoire de celui qui lui avait donné généreusement une part de sa vie. La chapelle assembla, dans un service solennel, les anciens qui se souvenaient et les héritiers des traditions du passé. Quelques mots rappelèrent les vertus et le dévouement de celui dont

la place restait vide, et ils avaient une éloquence pé-
nétrante. M. Reverony ne voyait plus que son titre
d'enfant de Sainte-Marie ; il lui suffisait de laisser
parler son cœur.

*
* *

Ainsi s'était terminée une longue vie dont rien
n'était venu interrompre l'unité, d'où l'égoïsme
avait été banni, et dont le seul souci avait été
d'éclairer les intelligences pour les amener à Dieu.
En finissant un de ses discours, M. Mabire évoquait
le souvenir des fêtes d'Athènes où, dans la carrière,
le coureur fatigué passait à un autre, sans qu'il s'étei-
gnît, le flambeau qu'il portait. Lorsqu'il sentit ses forces décliner, le vieux maître remit à des mains fidèles
le flambeau que lui avait confié la Providence. Il se
transmet toujours lumineux. Malgré le cours du temps
l'œuvre est debout ; elle s'est étendue pour de plus
grands services. Est-il téméraire de penser que les
deux fondateurs de Sainte-Marie, unis dans une
même récompense, continuent à veiller sur leur
chère maison ? Puissent-ils obtenir de Dieu les bénédictions qui protègent et qui fortifient !

Bayeux. — Typ. G. COLAS, rue Royale.